江藤真規
Eto Maki

環境次第で**文系**も**理系**も
好きに、得意になる！

女の子の学力を大きく伸ばす育て方

はじめに

「我が子には将来、社会で活躍できる人になってほしい」

親ならみな、そう願うものです。我が子が男の子でも女の子でも、その願いは変わらないでしょう。

そして、我が子が成長した際には、やりたいと思うことを自由に選べる広い選択肢を持たせてあげたい。そのために、「子どものうちに基本的な学力と学習習慣をしっかり身につけさせたい」と考えます。

とくに幼少期から10歳くらいまでは、親が子どもにもっとも関われる時期です。あらゆる方向に好奇心を広げ、学ぶこと、経験することの楽しさを知れば、子どもは学習へ自発的に取り組めるようになるでしょう。結果として、学力を大きく伸ばす可能性を高めます。

そして、いずれ自分自身の進路を決める際にも、「私には○○はムリだから△△へ」といった消去法の考え方ではなく、「私は□□が好きだから」「□□を学んで社会の役に立ちたい」と、主体的に、肯定的に人生を生きていくことができるようになるのだと感じます。

このように子どもの可能性を広げ、力を備えさせていくのが親の役割なのでしょうが、女の子と母親の関係には、少しばかり工夫が必要だと私は思っています。

「母と娘」には、同性同士ゆえの共感的にわかり合える側面があります。しかし、自分自身が経験してきたからこそわかったことを、「こうするのが一番」あるいは「あなたには失敗してほしくない」という願いから、説得的に押しつけてしまう側面もあります。

さらに、女性の生き方も多様化してきた現在ならではの難しさもあるでしょう。

私は、お母さんたちの学びの場である「マザーカレッジ」を主宰し、これまでに何百人もの子育てをがんばるお母さんたちに出会ってきました。

子供の数だけ子育ての数があります。マザーカレッジのつながりを通して、たくさんの子育ての事例を聞き、そのなかでも「娘さんとの関係」に悩む声、「娘さんの学力を伸ばしたい」と願う声をたくさん伺ってまいりました。

みなさんのお話と同時に自身の経験をたどりながら、「女の子の可能性を広げ、学力を伸ばすために、母親がするべき本当に大切なことは何なのか」を考えました。そして、どうしてお母さんには、女の子を育てることが「難しい」「大変だ」と感じてしまうのかも考えてきました。

そこには母親としての心のありようが、大きく関与しているということに気づきました。

今回はマザーカレッジに通う、男女両方の子どもを育てているお母さんに、子どもの性格や学力の男女差など、興味深いお話をたくさん伺いました。

母親にとって、やはり女の子の子育ては「難しく手強い」ものであること。でも、それゆえの喜びや充実感もひとしおであることを、あらためて確認することができました。

女の子の学力を大きく伸ばすには、幼少期からの学びの環境、健やかな心を育てる環境が大切です。

そして、ともすれば「同じ女性だからわかっている」と思いがちなお母さんの、娘さんに対する「見守り方」の工夫も同じくらい、いえそれ以上に大切です。

この本にはそんな環境のつくり方、見守り方のヒントをたくさん盛り込みました。

今は社会人となった二人の娘の幼少期に、私が娘たちにやっていたこともお話しさせていただきましたが、もちろん「こうしてください」と言いたいのではありません。「うちの娘たちには、こんなことがよかったみたい」というひとつの例として、のぞき見していただければと思います。

本書が、お母さんと娘さんとのさらなる素敵な関係づくりの一助になるなら、こんなに嬉しいことはありません。

女の子の学力を大きく伸ばす育て方

目次

第1章

女の子を大きく伸びる子に育てるために

第2章

「何でもそつなくこなす」からこそ細心の注意が必要

第3章 10歳までにさせたい好奇心を全方向に広げる体験

第4章

勉強がどんどん得意になる、10歳からの親の関わり

第5章

「賢く」でも「女らしく」のダブルメッセージを送らないで

デザイン…鈴木大輔・江﨑輝海（ソウルデザイン）
イラスト…碇優子
編集協力…船木麻里

第1章

女の子を大きく伸びる子に育てるために

The way for a girl to learn

これからはますます女性が活躍する時代に

「女の子ならそこそこで」は昔のこと

本書を手にとってくださった方は、女の子のお子さんをお持ちのことでしょう。そして、本書のタイトルにあるように、娘さんの「学力を大きく伸ばす」ことに関心を持たれていることと思います。

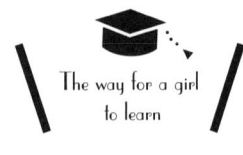

ひと昔前までは「女の子ならそこそこで」という風潮もありました。けれども、今はそんなことはありません。子どもの数が減り、一人っ子の家庭も多くなっています。多くの親御さんが、お子さんの男女の別に関係なく、教育に熱を注いでいます。

こうした教育熱の高まりは、女性の社会進出が盛んになってきた時代背景の反映であるように思います。

かつては「男性の職場」と考えられてきたフィールドで、女性が活躍することも珍しくありません。

医薬や化学、建築などの分野の研究職や専門職の女性、政治・法曹の世界や国際機関で働く女性、経営者や起業家になる女性も多く見られるようになりました。

大学で専門分野の学問を修めた女性が、一生続けられる仕事を通して、自分が学んだことを社会のなかで活かしたい、社会に貢献できるような働きをしたい——。そう願うのは自然な欲求でしょう。

そして、これからも女性は幅広い分野で求められ、活躍していくであろうことも、疑う余地がありません。「女性だから特別」ということはありませんが、実力のある女性はこれからもますます求められていくでしょう。

リケジョに注目が集まる理由

私は30年ほど前に大学を卒業して、社会に出て働き始めましたが、今はそのときとは女性の生き方は大きく変わってきたと実感します。

私が社会に出た頃は、大学卒の女性であっても、数年ほどの会社勤めを経て結婚、出産、その後は子どもを育てあげることに専念するのが普通であった時代です。

それが今は、出産や子育てで仕事が一時的に中断することはあっても、産休育休を経て、もしくは子育てが一段落してから仕事に復帰する。あるいは何か新しいことを始めたいという考えに、多くの女性が移行していると感じます。


お母さんのための学校「マザーカレッジ」を主宰するなかで、たくさんのお母さんにお会いしますが、母親である女性の「社会とつながって何かをやりたい」という欲求はとても高いと感じます。

実際に行動を起こしているお母さんもたくさんいます。社会で活躍している女性は飛躍的に増えたと実感します。


そんななか、自分の娘にもより「高み」をめざしてほしい。どうせなら、一生続けられるような、やりがいのある仕事を見つけてほしい――。そう願うお母さんもどんどん増えているように思います。

最近は、リケジョ（理系女子）が注目され、「我が子をリケジョに育てる」といった雑誌の記事や本も見かけるようになりました。

理系とは一生ものの仕事の代名詞とも言えます。これも、こうした流れをくんでのことでしょう。


そのように社会で活躍する大人になるためには、やはりしっかりと勉強し、たしかな学力を身につけることが必要となるでしょう。

本書では、女の子の学力をいかに伸ばしていくか、私の経験もはさませていただきながら、さまざまな角度から考えていかれればと思っています。

The way for a girl to learn

勉強ができてほしい。でも女の子らしさも大切…

お母さん自身に根強く残る感覚

とはいえ、「女の子は女の子らしく」「女の子だからそこそこで」という古い価値観が、完全になくなったわけではありません。私たち女性自身のなかにも、まだまだ根強く残っています。

女の子を持つお母さんと話していても、娘さんに対する期待の仕方が二極化していることを実感します。

この「女性の時代」を大きなチャンスととらえ、勉強にしろ習い事にしろ、何でもがんばらせて大きく伸びてほしいし、成果も出してほしいという期待。

一方で、「女の子なのだから、まあこのくらいで」とがんばりの上限をつくり、そのなかで幸せになってほしいという期待……。

言い換えれば、前者は「女性だからがんばれ」、後者は「女の子は女の子らしく」というニュアンスでしょうか。


そして、二極化といっても、このどちらかに寄っているというのではなく、ひとりのお母さんが、この「女性だからがんばれ」と「女の子は女の子らしく」のふたつの間で極端に行ったり来たりと、揺れているように感じるのです。

どうしてそのように行ったり来たりしてしまうのでしょうか。

私は、今のお母さんは「女性の生き方が変わってきた」ということを実感しているだけに、**娘さんが生まれると「しっかり育てなければ」と、少し焦ってしまう**ところがあるのではないかと感じています。

子育ての結果を早く出さなくては、と急いでいるとでも言いましょうか。

先の「女性だからがんばれ」という期待は、ときに「私はできなかった、かなわなかったから、娘にはぜひやらせたい」と意気込んで、過度な期待になってしまうときもあります。

女の子育児の過渡期

今、30~40代のお母さんはご自身のお母様（娘さんから見れば、おばあちゃん）に、どのように育てられたのでしょうか。

おそらくおばあちゃん世代は「夫は外で働き、妻は家庭を守る」という考え方が主流で、女性は高校を卒業後、大学へ進学することも今ほど多くなかった時代。

そのようなお母様に育てられた今のお母さん世代は、お母様から「しっかり勉強して大学へ行きなさい」と言われ、その通りにしながらも、専業で子育てをしてきた自分の母の姿を見ていて、それはそれで「女の幸せ」だというふうにも感じている。

社会の流れとしての女性の時代に興味を持ち、社会復帰を試みつつも、気持ちのどこかに「女の幸せとは」と考えてしまう側面も持っている……。

その意味では、今のお母さんはちょうど過渡期を生きていると言ってもよいでしょう。

娘さんには、しっかり勉強して実力をつけてほしいと思いながらも、一方で「女の子は女の子らしく、あまり目立たずに」の気持ちもなかなかぬぐいきれないのです。子どもに自信を持って「将来のために勉強しなさい」「一生の仕事を見つけて自己実現しなさい」とも言いきれない。

やっぱり女の子はかわいさが大事というメッセージを送ってしまったり。あまり口が達者だったり勉強ができたりすると、浮いてしまうかも……、男の子にも好かれないかも……。

そんなふうに迷い、育児にブレが生じることもあるのでしょう。

加えて、**たくさんの情報が出回り、子育てについてもひとつの正解のない時代**です。どうやって娘を育てていけばよいか、お母さんたちの揺れ動くお気持ちもよくわかります。

The way for a girl to learn

「男の子に比べたら育てるのがラク」は本当？

男の子ママから聞く「大変エピソード」

「男の子に比べ、女の子の育児はラク」と言われています。

実際に女の子を育てている最中のお母さんは「そんなわけない！」と反論したくなると思いますが、一般に「男の子の育児は大変」とされる傾向があるようです。

男の子がいるお母さんに聞いても、「言うことを全然聞かない」「あばれまわる」「急に走り出すから目が離せない」「忘れ物が多い」「自分の好きなことしかしようとしない」……などなど、「大変エピソード」がたくさんあがります。

「男の子は宇宙人」とおっしゃるお母さんも多くおいでになりますが、異性であるお母さんにとって、男の子は「何を考えているんだかわからない」「何をしでかすかわからない」存在。そんな「得体の知れない生き物」を育てる大変さ、ということのようです。

その点、**女の子の多くは、もともと不可解な行動をとったり、あり得ないことをやってしまったりして親を困らせることが少ない**ので、その意味では育てやすいとも言えるのかもしれません。

とくに親に対して素直な幼少期は、親が「やりなさい」と言えばやり、「やめなさい」と言えばやらないといった、聞き分けの良さがあるのが、一般的に言われている女の子の特徴です。

「わけがわからない」からラクという面も

ところが、一見育てやすそうに感じる女の子ですが、男女の子どもがいるお母さんに聞くと「男の子のほうがラク」という声が圧倒的に多いのです。

男の子の「わからなさ」はたしかに大変なのでしょうが、「わからないものを無理してわかろうとするよりも、わからないものとして割り切ったほうがいい」という気楽さもあるようです。

お母さんの目には「あり得ない！」と映る息子の言動も、「男の子ってそういうものだから」と、先輩の男の子ママに言われれば、「へえ、そんなものなのか」と、納得できてしまう……。結果として、良い意味で開き直ることができるようなのです。

一方、女の子はお母さんにとって同性です。同性だから、娘の行動が「わかる」し、娘さんもお母さんの言うことを「わかってくれる」。

それはとても良いことなのですが、「自分と同一視してしまう」という行き過ぎた現象も起こりがちです。

無意識のうちに、「私はあなたと同じ女性だから、わかるのよ」とか、「あなたも私と同じ女性なのだからわかるでしょ？」と思ってしまいます。

そうすると、**親が予想していないことや、期待していないことを娘がすると、つい「どうして○○できないの？」「○○しなきゃいけないのに」と不満に感じて、ときには感情的になって叱ったり怒ったりしてしまう**のです。

同性として客観的になれない

基本的に女の子は聞き分けが良いものだという意識と、私も（同じ女性として）通ってきたからわかるという思い。

それらが交錯して、娘はほぼ自分の思う通りに育つものだと思ったり、思惑と違った行動を受け入れづらく、改めさせたくなったりしてしまいます。

女性という大きなひとくくりで考え、自分と娘とは同一であると大きな勘違いをしてしまいがちです。

娘に対しては、男の子のように「へぇ、（男の子って）そんなことしてしまうんだ」とい

うような目で見るのが難しく、「どうして女の子なのに、そんなことするのかしら。ありえない！」と感じやすくなる……。そこに母娘の葛藤、対立が生まれます。

同性だからこその大変さ。女の子の子育てには確実にあるのではないでしょうか。加えて、先に述べてきたような、この時代ならではの女の子育児の大変さ。

今は、娘さんを持つお母さんにとって、子育て受難の時代と言うこともできるでしょう。

The way for a girl to learn

「娘には何をさせたらいいかわかる」の落とし穴

親の得意不得意が遺伝するとはかぎらない

娘さんと自分の同一視は、勉強面でも影響してきます。

女の子を持つお母さん方と話をしていると、「私も女子校だったので、娘にも女子校に行ってもらいたい」「私は英語が得意科目で武器になったから、娘にもしっかりやらせようと思う」といった、ご自分の経験からお子さんの勉強戦略を考える方が多くいらっしゃることに気づきます。

同じ女性として、娘に何が向いているかわかる。何をさせたらよいかわかる……。

反対に、「私は○○が苦手だったから、この子も苦手だろう」と考えることもあるようです。

たとえば、お母さんが数学や理科が苦手だと、「娘は女の子だから、理数系が苦手で……」。お母さんが虫や魚に触るのが嫌いだと、「この子も私と同じで触れない」といった決めつけです。


実際に、母と娘では趣味嗜好、得意不得意も似ていることが多いものです。けれども、そこには**「お母さんの影響」も大いに関係している**のではないでしょうか。

お母さんが英語が好きで、積極的に働きかけるから、子どもも英語が好きになる。お母さんが虫や魚が苦手で遠ざけるから、子どもも虫や魚が嫌いになる……。

子どもはみな親の影響を受けるものですが、とくに同性であるお母さんの真似が大好きな女の子にとっては、より影響力があると言えるでしょう。


私たち母親は、自分も通ってきた「娘時代」を生きる娘に対して、どうしても客観的になれないところがあります。

それが功を奏することももちろんありますが、逆に押しつけになったり、可能性の芽をつぶしてしまうこともあるから難しいものです。

本当は、娘さんは虫が好きになれたかもしれません。その結果、生き物に詳しくなり、生物学の道へ進んだかもしれません。

娘は自分の分身ではなく、自分とは違うひとりの人間である――。そこは女の子を持つお母さんだからこそ、あえて意識する必要があるように思います。同じ女性だからといって、決して同じ人間ではないのです。

男の子以上に育児に「戦略」が必要

男女にかぎらず、育児では「自分の生きてきた時代とこれからの時代は違うのだ」ということをしっかり認識しなければなりません。しかし、自分の経験のみから価値観を築き、それを子育てにも当てはめてしまうことが母親にはよく起こります。

「私の時代には○○だったのだから」といって、それが正しい、それしか選択肢がないかのように娘に求める行為は、娘さんの可能性をせばめる行為となってしまいます（もちろん、お母さんが大事にしてきた価値観のなかには、娘さんに受け継いでいくべきものもありますが)。

「自分の経験のみからの価値観」に加えて、「同じ女なのだから」という思い込み。

ここがお母さんにとっての、女の子育児の盲点ではないでしょうか。


男の子を育てるときは、お母さん側の「戦略」が必要とよく言われます。

勉強についても、ただ「勉強しなさい」では男の子は動かないので、あの手この手でやる気スイッチを押していこうというものです。

けれども、女の子を育てるのは実は男の子以上に戦略が必要なように思います。

戦略といっても、積極的に働きかけるというよりは、「女の子だから……」という考えを意識的に減らすことと言ったほうがよいかもしれません。ひと言で言えば、「もっと冷静になって、娘を客観的に見よう」ということでしょうか。


突拍子もないことをしでかす男の子を宇宙人と思えば、気がラクになるというのと同じで、**女の子に対しても「私とはまったく別の生き物」ととらえてみる**。そう心がけていくことが大切ではないかと思います。

The way for a girl to learn

環境次第で、文系も理系もできるようになる

兄の影響で図鑑やブロックが大好きな妹

子どもの進路に関して、お母さん世代にはいまだに「女子は文系、理系は男子」という感覚があるかもしれません。

たしかに比率としては、その傾向はあるでしょう。大学でも、理系学部ではクラスのほとんどが男子で女子は数人、ということが多いようです。

けれども、今は理系に進む女子も増えてきています。また、大学自体にも近年の改革で、文系、理系を分断することなく総合的に学べる学部も増えてきました。

お母さんが娘さんに対して、**「女の子は文系よね」といった考えをずっと示し続け**

ると、娘さんは理系科目に興味を持てなかったり、苦手意識を持ちやすくなったりしかねません。

今という時代を生きる女の子には、じつにもったいないことです。

たしかに算数や理科が好き、得意である男の子は多くいるのかもしれません。

男の子が好きな遊びと言えば、ブロックだったりパズルだったり、好きな本も図鑑だったり、理系的なものが多い印象です。

けれども、それでは女の子は元々理系に向いていない、好きになれないかというと、決してそんなことはなく、環境次第ではないかと思います。

あるお母さんのお話ですが、姉と二人姉妹だった子どもの頃、家にある本は物語ばかりで図鑑はひとつもなかったそうです。

理系的なものにふれる機会がまったくなく、理科は一番の苦手。まったく興味が持てなかったと言います。

「やっぱり自分は理系に向いていない」と思い続けてこられたようですが、男女の子どもを持ってから、「実は環境さえあれば理系に興味を持てていたかも？」と思ったそうです。家にたくさんあるお兄ちゃんの図鑑を妹がたびたび眺め、生き物にどんどん詳しくなっていく様子に気づかれたからです。

自然科学にふれる機会を意識的に与える

また、社会科につながること、たとえば世の中の出来事やニュース、地理などへの興味も、男の子のほうが高いように見受けられます。

けれども、これもやはり環境さえ整えば、女の子も興味関心を持つものだと思います。女の子が向いていないなどということは決してありません。

ただ、女の子の場合、自分から図鑑などをほしがる傾向は少ないかもしれません。そんな場合には、親の側で用意してあげる必要が出てきます。いろいろな方面に興味を持てるような環境を、日頃から意識的につくっていきましょう。

女の子が好むようなことはすでにいろいろしているでしょう。反対に、**男の子が好むようなことをさせてみるのもよいと思います**。

家に図鑑やパズル、ブロックを置いておく。博物館や科学館に連れて行く。どんなことでもよいのです。

図鑑があれば見るかもしれない。ブロックがあれば遊ぶかもしれない。博物館に行けばおもしろいと思うかもしれない。

「もしかしたら興味を持つかも……」。そのくらいのゆるやかな気持ちで、機会は与えておくのがよいと思います。

もちろん、本人の好き嫌いはあるでしょう。環境を整えたからといって、必ずしも興味を持つというわけではありません。ですが、**環境がなければ興味の持ちようがない**のです。

「苦手だから」の消去法で進路を決めたくない

一方で、いくらリケジョが取り上げられる時代だからとはいえ、なにがなんでも娘を理系に……などとする必要はありません。どんな道を選んでもよいのです。

ただ、選択肢はたくさん与えてあげたい。いろいろ興味を持った結果、「私は文系にする」という主体的な選択であれば、自己肯定感も上がります。

残念なのは、「理系が無理だから文系に行く」というような、「○○が無理だから△△にする」という進路の決め方です。

経済産業省の調査で、文系進学者に「どのような条件があれば理系を選んだ可能性があったか」と聞いたところ、約45%が「数学や理科が不得意でなかったら」と回答したそうです。

消去法ではない、「自分がしたいからこれを選ぶ」と選択していけるだけの土台を身につけさせてあげたいものです。

The way for a girl to learn

私の娘たちが東大に入った理由

「東大という選択肢」があったかどうか

私は公立高校に通っていました。高校時代はまじめに勉強していたと思いますが、自分の将来に関しては、とくに高い目標はありませんでした。

だから、大学を考えるときも先生からすすめられた大学を迷いなく受験し、進学しました。

ところが、学生時代に東京大学の同好会に入り、衝撃を受けたのです。

当時知り合った東大生は、大半がいわゆる進学校出身者でしたが、彼らの高校では「東大に行く」ことが普通の目標だったと言うのです。

東大をめざすことが当たり前の環境にあった。だから東大に入った。見えている世界のなかで目標はつくられると考えると、はじめから東大を見ていなければ、そこに目標を定めることはない……。こんなことに気づきました。

また、彼らは高校時代は徹底的に遊び、徹底的に勉強する仲間に囲まれ、切磋琢磨し合う経験もしてきているのです。そうして目標を実現し、東大で充実した学生生活を送り、社会問題に関して熱く議論を交わしている彼らは、とても輝いて見えました。

私は高校時代、もちろん東大は知ってはいても、「自分が行く大学」としてはまったく考えていなかったばかりか、関係のない大学だと思っていました。

もちろん、自分の進路についてはまったく後悔はしていないのですが、「将来はこんな仕事をしたい」といった目標もなく、なんとなく「卒業後は、いつか結婚して家庭を持てればいいいな」というくらいにしか思っていなかったことは、少し残念に感じます。

それだけに、東大生の友人を見て「私の視野は狭かったなあ」と思うと同時に、**「環境が人の道筋を決めるんだ」**ということにも気づいたのです。

限界ラインを親が引かない

東大というのは別に特別な存在ではありません。自分の将来のビジョンを描いたとき、その過程に東大で学ぶという手段があるのなら、実現させるための努力をすればよいのだと思います。

娘が東大進学を考え始めたとき、私は「無理だ」とは思いませんでした。「女の子なのだから、なにも東大に行かなくても……」とも思いませんでした。

挑戦するというのなら、思う存分挑戦させたい。親が娘の限界ラインを引いてはいけないと思ったのです。

「東大に進むべきだ」とも思いませんでした。娘自身が「ここで勉強したい」と強く思えるところを、自分に制限をかけずに、目標を高く決めてくれれば……。こんな願いでいっぱいでした。

第2章

「何でもそつなくこなす」からこそ細心の注意が必要

The way for a girl to learn

「女の子」について、どこまでわかっていますか?

案外理解できていないもの

第1章で、お母さんは「自分は女性だから、女の子のことはわかっていると思い込まないでほしい」とお話しました。

お母さんが「女の子ってこういうものなのだ」という狭い思い込みを女の子の子育ての軸にしてしまうと、育児が難しくなる。母と娘の良好な関係を築くことも難しくなるのでは、と思うからです。

娘さんが今、どんなことに興味を持ち、何に熱中しているか知っているでしょうか。

それは娘さんが「お母さんを喜ばせたい」とか「お母さんに叱られたくない」からという理由ではなく、本心でやっていることでしょうか。

子どもは親の期待に敏感に反応します。

とくに女の子には、その傾向が強いように感じます。

「お母さんは自分が何をすると笑ってくれて、何をすると怖い顔になるか」よく知っています。だから、無意識のうちに、できるだけお母さんを怒らせないよう、できるだけ笑ってもらえるような自分をつくろうとする……。

これは、娘が思春期にさしかかってから、私が気づいたことのひとつでもあります。

反省したこともありますし、そこから学んだこともたくさんありました。幸い途中で気づくことができて、娘に対する接し方も変わりました。本当によかったと思っています。

男の子との比較で見えてくる特性

同性同士の難しさ、わかりづらさ、反対にわかりすぎてしまうゆえの難しさ、また通ってきた道だからこそその過度な期待など、母と娘の間には様々な難しさがあります。

いずれも近すぎる関係からくる難しさとも言えるでしょう。

これらの難しさを克服するために、女の子を育てるお母さんは、いま一度「女の子」について、客観的に見つめ直してみてはいかがでしょうか。客観的な視点は本質を見つけることに役立ちます。


今回、私が主宰するマザーカレッジに通うお母さんのなかから、男の子、女の子の両方のお子さんを育てている方数名に、お話を伺いました。

というのも、男の子と比べることで、女の子の特性がより際立って見えてくるだろうと考えたからです。

私は娘二人を育てましたが、男の子を育てたことがないので、親から見た男の子と女の子の違いがよくわかりません。そこで、両方を育てている方に、子育てで実感する男の子と女の子の違いを聞いてみたのです。

結果、非常に興味深いお話がたくさんありました。

私の知らなかった男の子の世界を垣間見ることができましたし、女の子の良いところ、難しいところもあらためて認識できました。

もちろん、次に紹介するお母さん方の例がすべての男の子、女の子に当てはまる特性というわけではありません。それでも大きな傾向としての、男女の子どもの違いを表していると思います。

そのうえで、「女の子だからこう育てよう」というよりは、「〝女の子ならでは〟の特性を考慮しながら、これからの多様性が求められる時代に対応できる女の子を育てよう」と考える参考にしてもらえればと思います。

The way for a girl to learn

成長が早く、しっかりしている

読み書きも早め、理解力が高い

とくに幼少期は、女の子は男の子に比べるとしっかりしていた印象があります。同じ年齢なら女の子のほうが「成長が早い」と感じられるのです。

Aさんは3人の男女（上から順に女、男、男）のお母さん。娘さんは中3、息子さんはそれぞれ中1、小5ですが、

「男の子は中1でも行動がとても幼くて、まるで小学生のよう。実際は姉と2歳差なのに、4歳以上の差があると感じますね」

と言います。

お姉ちゃんは小さいときから言葉を覚えたり、話し始めたりするのが早く、お母さんの言葉を理解する力もあったと感じたそうです。

「娘が3歳くらいのとき、『ママ、○○取って』と言ったので、私は『足があるんだから自分で取りに行きなさい』と注意したのです。その数日後、食事中に私が夫に『パパ、おしょうゆ取って』と言ったら、娘がすかさず『ママ、足があるんだから自分で行けば?』って」

口が達者なのも女の子の特徴ですね(笑)。

お母さんが「これやって」と言えば「わかった」と返事をして、実際にちゃんとできる場合が多いのが女の子。

男の子は同じように言っても、返事すらしない場合も多いようです。

「やりたくないから返事をしないのではなく、本当に聞こえていないみたい」と、Aさんは言います。

「お母さん、さっきから言ってたよね」と確認しても、「そうだっけ?」とポカンとする息子に、「男の子って言葉が通じない生き物なんだ」と痛感するとのこと。なんだかかわいくて、笑ってしまいますが……。

後からターボがかかる男の子

文字を書く、読むことに関しても女の子のほうが早い傾向があるようです。

Bさんは男女4人（上から女、女、男、男）のお母さんですが、「ひらがなの覚えはじめで男女差をはっきり感じた」と言います。

「上2人の女の子は、絵本の読み聞かせをしていると『これ、なんて読むの？』と質問するなど、小さい頃から自然と文字に興味を持っていました。

〝覚えたい〟という意欲があったので、幼稚園に上がる前にはひらがなが読めて、少し書けるようにもなっていました。

ところが、下の男の子はまったく覚えようという気がなくて。

絵本を読み聞かせていて、私が『これなんて読む？』とクイズのように聞いても、いつもデタラメばかり。自分で読もうという気はさらさらなかったですね」

Bさんは、上のお姉ちゃん2人の読み書き能力の発達の仕方が、「子どもとして普通」だと思っていただけに、弟があまりにもできないことにびっくりしたと言います。

でも、これもBさんの息子さんにかぎったことではなく、男の子にとってはごく普通のことのようです。

とくに上の子が女の子、下の子が男の子というお母さんは、そのギャップの大きさに、茫然とすることが多いようです。

反対に、「お兄ちゃんと妹」を育てるお母さんからは、「(兄に比べて)妹はなんて賢いんだろう。天才だわ!」と感じる傾向があるようです。おもしろいですね。

そんなBさんのご長男は幼稚園に入るまで、字の読み書きはまったくできなかった、というよりやる気がなかったものの、入園後、女の子からもらった手紙が読みたくて「字を覚えよう」という気になってからは、ものすごいスピードで覚えたのだとか。

「きっかけがあると、男の子は突然ターボがかかって張り切り始める」と言われますが、まさにそんな例です。

親は安心してしまい、途中でつまずくことも

女の子は、読み書き、話す、聞く、どれをとっても男の子より早い傾向にあり、しかも「もっと知りたい」という欲求も強いようです。

それは本当にすばらしいことです。

ただ、親はそれゆえに**「私が黙っていても、この子は勝手にやってくれる」**と安心してしまいがちです。

そうして何もしないでいると、小3くらいになって勉強が少しずつ本格化してきたときにつまずいたり、勉強の習慣がついていなかったりして、そこからが大変というケースも見受けられます。そこは注意が必要です。

男の子は親が働きかけないと、先の例のような「やる気を起こすきっかけ」がないかぎり、なかなか言葉や文字に興味を持たないようです。それで、親はいろいろと工夫するので、後になってその働きかけがよかったと思えることもあるようです。

女の子に対しては、目をかけることを怠らない、わかったつもりにならない意識づけが必要なのだと思います。

また、**できて当然という見方も、女の子の成長の限界につながってしまう可能性もあります**。

できたことには「できたね」と伝える、気づいたことには「気づいているからね」という声かけをしてみてはどうでしょうか。「早い成長」を「持続的な成長」にしていくために重要なことでしょう。

The way for a girl to learn

言われたことはちゃんとやる、まじめさ

空気を読み、自ら動く

理解力とも関係があるのでしょうが、女の子は「決まり」や「約束」を守るということも自然とできる子が多いようです。

お母さんが言った決まりや約束の「内容が理解できる」からです。それが大人の目には「女の子ってまじめだな」と映るのでしょう。

たとえばお母さんが、「幼稚園に行ったら、先生に『おはようございます』って言うのよ」と教えてあいさつの見本を示せば、女の子はそのやり方を理解し、言われた通りにあいさつするでしょう。

そして、毎日するうちに定着してきて、「あいさつは当たり前にやること、決まっ

ていることなんだ」と体で覚えていきます。

言われたことをちゃんとやっている。お母さんはそんなまじめな女の子を、扱いやすく手のかからない子と感じるでしょう。

中学生の男女を育てているCさんは、二人が小さかった頃の、学校の宿題に取り組む姿勢に「女の子のまじめさ」を感じたと言います。

「長男が宿題をやっていないことに翌朝気づいて、『やってないじゃない！』と叱っても、『ああ、やってなかったんだ。そうだね〜』とまったく焦る様子もないんです。動じていないというか。

私は、宿題は当然やるべきものだと思っているので、息子のその感覚が不思議でしょうがなくって。

長女は、宿題は完璧にやって提出しないと気が済まないらしく、塾と学校の宿題が多いと睡眠時間を削ってもやり抜いていて、そこまでしなくてもと思うくらいきちんとやっていました。

宿題を提出したら先生からマルがもらえるので、そのマルがほしいためにやっているというのが正直なところですが……」

要領の良さに欠けることも

宿題にかぎらず、学習面においても「これをしなさい」と言われれば、比較的きちんとやるのが女の子です。

大人が「やりなさい」と言う、その空気を読めるから「ちゃんとやる」のです。

男の子の場合、もともと興味がないことややる気がないことなら、平然と「やらない」ことを選択する傾向があるようです。

大人が「やりなさい」と言っても、女の子のようにその場の空気を読むような繊細さや気遣いはあまりないのかもしれません。

コツコツとまじめにこなす女の子。それなのに、しばしば「最後は男子に抜かされる」ということがあるのは、どうしてでしょうか。

「高3の夏から一気に勉強を始めて志望校に合格する男子」の話はよく耳にします。

中学受験でも、最後の3ヵ月で一気に追い上げる男の子の話は、学習塾関係者からたびたび聞かされます。

おそらく、男の子はいったんスイッチが入ったら、ものすごい集中力を発揮するのでしょう。

「やりたくないことはやらない」は、裏を返せば「自分がやりたいと思ったら、何としてもやる」ということでもあります。

「今までダラダラやってきたけど、なんとしても志望校に合格したいという気になった！」と目標が明確になったとたん、「だから、できるだけムダなく効率的に勉強して、絶対に合格するんだ」という気持ちが高まり、集中力や要領の良さを発揮するのでしょう。

そして、それまでゆったりかまえていた分、余力もあり、短期限定でがんばれるのだろうと思います。追い詰められると底力を発揮するということでしょう。

一方、女の子の場合、コツコツがんばってきたことが最後の最後で裏目に出てしまうということも、時に耳にします。力が尽きてしまうのでしょう。

ここがとても難しいところです。

「勉強することの意義」を明確にしたい

「まじめに言われたことはする」のは、とてもすばらしいことです。「きちんとやればほめてもらえる」という期待が、モチベーションになることもあるでしょう。それはそれでとても良いことです。

しかし、「やらないと叱られる、ペナルティがあるからやっている」ということもあります。それは**「言われなければやらない」**ことでもあるかもしれません。

勉強することの意義や楽しさが見出せていないと、「やれと言われるからやっているだけ」となり、主体性が伴いません。小学校の低学年のうちはそれでうまくいっても、勉強が高度になる高学年や中学生になったとき、伸び悩むことになりがちです。

さらに、女の子の思春期は早いものです。ちょうどその時期に「お母さんの言うことは聞きたくない」という反抗心が芽生え、「言われないとやらない」が「言われてもやらない（したくない）」になる可能性があります。


まじめ気質の傾向がある女の子には、その持ち前のまじめさを活かしつつ、行動の意義を明確にしてあげる必要があるのかもしれません。

「どうして勉強することって大事なんだろうね？」と問いかけ、子どもなりの考えを引き出してみてはいかがでしょうか。

行動の意義を主体的に意識することによって、長期的な見通しを立てて取り組むことができるようになります。

お母さんにほめられるため、叱られないようにするためではない、本当の勉強の意味づけを見出すことができれば、持続的に余裕を持って学習していくことができそうですね。

The way for a girl to learn

与えられた課題をコツコツこなすのが得意

女の子のすばらしい美点

小学校低学年のうちは、漢字や計算練習など、毎日少しずつ継続することで基礎学力を確かなものにしていく必要があります。

大人は「継続は力なり」の重要性がわかっているので、子どもにも毎日コツコツやること、それを習慣にすることを期待しています。

そして、その期待に添うように、親や先生の言うことをまじめに聞いて、与えられた課題はきちんとやろうとする女の子は多いものです。

多くの中学受験学習塾では、小学4年生から本格的な準備が始まりますが、これは

3年後の入試に向けて、ひとつずつ階段を昇るように基礎固めをしていくことが、確実に力になることがわかっているからです。

コツコツと積み上げていくことで子どもは達成感を感じ、自信を得ていきます。そして、さらにやる気も出るという好循環が生まれやすくなります。これは学習の土台づくりにはとても大事なことです。

女の子は持ち前のまじめさゆえに、このようなコツコツ積み上げる学習で力をつけていくのでしょう。

ただ、いつまでも「これをしなさい」と与えられたことだけをやっていては、知識は増えても「自分で考え答えを導こうとする力」が弱いため、**学年が上がって勉強が高度になると、やがて歯が立たなくなることもあります**。

女の子はコツコツ積み上げるのが「苦ではない」という長所がありますが、コツコツ積み上げる作業に満足してしまい、「考える」時間をあまり持たなくなってしまうことがあるかもしれません。

「考える」訓練をさせたい

我が家の娘たちは、小学校生活の大部分をアメリカで過ごしました。アメリカの学校と日本の学校で習うことを比べれば、日本のほうがはるかに進度が早かったように思います。とくに算数については、圧倒的にそうでした。アメリカでは算数の成績がクラス一番だったのに、日本に戻ってからは成績が下の方になってしまった帰国子女の話はよく耳にすることです。

けれども、**アメリカの教育がすごいなと思ったのは、自分で考えて答えを出すことが授業に非常に取り入れられていた**ことです。

学校の授業では、子どもたちが自分の考えや意見をみんなの前で発言する時間が、とても多かったです。

「ＳＨＯＷ＆ＴＥＬＬ」という授業では「これは私の大切な○○です」と自分の大切なものを見せながら、自分の考えを発表するのですが、クラスメイトに興味を持って聞いてもらえるような内容を考えたり、効果的にプレゼンしたりするにはどうしたらよいか、子どもたちはこの授業を通して考える力を身につけていくのだなと感じました。

上の娘は小学校6年生のときに帰国し、中学受験をめざしましたが、最初は日本の子どもたちの進度に追いつくのが大変でした。

けれども、「自分で考える」訓練をしていたおかげで、自ら学ぶ意欲を持ち、高度な勉強にも取り組むことができました。

素直に吸収する小学生の頃に、「考える」ことを重視する教育環境にいられたのは、とてもラッキーだったと思っています。

答えを急がず、過程を楽しむ

言われた通りに行い、成果を上げることに長けている女の子は、考える時間をとるより、答えを急いで出す傾向があるかもしれません。

成果にばかり目を向けるのではなく、考えている時間、自分なりに導き出した答えにもぜひ目を向けてあげてください。

「よく考えているね」「おもしろいアイデアだね」と途中経過にも気づいてあげることで、自分なりに考えていくことが楽しくなってくるのではないでしょうか。

そして、時間がかかるけれども、考える力、主体的に考える習慣は、後に間違いなく大きな力となっていくはずです。

The way for a girl to learn

「人」や「人との関係性」が気になる

情報よりも感情

幼少の頃の好きな遊びで、女の子に特徴的なのが、「おままごと」や「家族ごっこ」などの「ごっこ遊び」でしょう。

女の子は周囲の人の「人となり」や、その人と自分の関係性にとても興味があるのです。

「周りの人とうまくやっていこう」という意識を持っているというよりは、無意識のうちに「周りの人と仲良くいっしょにやる」ことに安心や喜びを感じているのだと思います。

Bさんは、

「娘たちは近所の男の子とも仲が良かったので、よくミニカーで遊んでいたのですが、よくよく見てみると、娘がやっているのはミニカーでおままごとなんですね。

ミニカーで家族をつくって、これがお父さん、これがお母さんって」

男の子がお気に入りのミニカーをかっこよく走らせようと、「ビューン」「ブルブルーン」などと効果音を発しながら遊んでいるそのとなりで、女の子はミニカーのお母さんが、お父さんに向かって「それはダメでしょ」などと家族会議をしている。

なんともほほえましい光景です。

Bさんは子どもたちを博物館に連れて行ったときも、男女の視点の違いに驚かされたと言います。

同じ動物の剥製を見ても、男の子は生態についての説明を読み、動物の特徴について「すごーい！」と驚きますが、女の子は「かわいい～。○○くんに似ているよね」といった楽しみ方をするとか。

特徴や生態といった客観的な情報よりも、そこに流れる感情的な側面に心が動きやすいのでしょう。

物語や伝記が好き

読書の傾向にも男女の違いは現れるようです。

女の子は物語や伝記などストーリー性のあるものが好きで、男の子は図鑑や事典、鉄道や飛行機などの知識本を好むケースが多いとよく言われています。

Cさんの長女は物語でもプリンセス系ばかり、長男は図鑑や工作の本ばかり読んでいたそうです。「そのせいか、長女は国語が得意ですし、長男は理数系が好きですね」

と言います。

実際、女の子には読書好きが多いようですが、私はそれと国語ができることとの関連性には疑問を持っています。読解力は読書の多寡でのみ決まるわけではないと思うからです。

ただ、物語が好きということは「繰り広げられる人間模様」が好きということ。登場人物の気持ちをくみ取ったり、感情移入して自分が役になりきったりしながら、女の子は「人間関係」を学んでいるのです。

国語の読解問題で「登場人物の気持ち」を問われて、「自分は主人公じゃないからわからない」と、まるでイメージがわかないのは男の子に多いと言われます。

女の子は、自分のことではなくても、読んで人の気持ちを推し量ることが苦ではないのでしょう。

知識の偏りはこうやってなくす

女の子があまり興味を持たない図鑑などに、興味を持たせるためにはどうしたらよいのでしょうか。

もちろん、決して興味を持たせなくてはならないということはありませんが、将来の選択肢を増やすためには、偏りを排除しておくのは大切な考え方かもしれません。

たとえば、**大好きなお母さんと一緒にページを開いて眺めてみる**。

パッと開いたところに何があるだろうね?と、ただ眺めるだけでも図鑑は楽しめる教材となります。

また、お姉さんぶるのが好きなお子さん相手なら、「お母さんにも教えてくれる?」と図鑑をわたして、お母さんの知らないことを説明してもらうのもよいでしょう。

図鑑のなかには、意外と日常生活において目にすることが多いものもあります。公園で見かけたものを探してみたり、食材としてキッチンにあるものを見つけてみるなどしながら、娘さんの興味を引き出していくこともできるでしょう。

The way for a girl to learn

一人より、お母さんや友達といっしょがいい

母が隣にいるとがんばって勉強できる子

人に興味がある女の子は、一人でいることよりもお母さんや友達と「いっしょに」何かをすることを好む傾向があります。

Eさんは、社会人になった男子と小学4年生の女子のお母さん。

「娘は、勉強の計画表を私といっしょにつくると、計画表に書いたことを守ろうとまじめにやっていました」と言います。

「兄は小さいときから計画性がないので、『計画表をつくろう』と言っても本人がいやがった」そうです。しかたなくEさんがつくっても、全然計画を守らない。

その経験があり、妹がまじめに計画表通りに行動することに驚いたそうです。

ただ、自分から計画表をつくるのではなく、Eさんの声かけがあり、いっしょにつくるからできるのであって、うまくいくポイントは「いっしょにやること」だと感じたそうです。

女の子は、リビング学習でも隣でお母さんが見てくれたり、教えてくれたりすることを好みます。

反復練習や暗記ものなども、隣にいるお母さんに「問題出して」とクイズにしてもらうとやる気が出る女の子の話はよく聞きます。**「一人だとつまらない」**。みんなと一緒のほうが楽しいのでしょう。

女の子はお母さんといっしょに勉強するのが好きという特徴を活かせば、女の子は家庭

学習で効果を出しやすいとも言えるでしょう。お母さんといっしょに遊び感覚で取り組むことで、コツコツとやる習慣がついていくからです。

やり取りに喜びを感じる

Dさんは子どもたちの友達関係を見て、「女の子は友達と群れるのが好きなんだな」と感じると言います。

「メールやＬＩＮＥがひっきりなしに来て、いちいち返事を返すから、常に携帯電話を持ち歩いていますね。本人も面倒に思いながらも、友達同士の輪のなかにいる安心感もあるのでしょうね。

また、友達同士で誕生日会を祝うために外食したり、買い物に行くなど、友達と出かける回数も多いです。

弟は友達ともうまく付き合っていますが、放課後や休みの日まで友達といっしょにいることは少なく、一人でも遊べるタイプ。息子に限らず、男の子はそんな感じじゃないでしょうか」

と、Dさんは二人の違いを感じています。

「いっしょがいい」という女の子の特徴を学習に活かすには、行った成果に対して、細かなリアクションを起こしてあげることが大切です。

全部終わったらまとめてほめてあげるのではなく、少し進んだらそこで気づいてあげる、放っておかない。こんなやり取りがあれば女の子は喜んで前進するのではないでしょうか。

また、「人の気持ちを推測することができる」「文字を読み取ることが得意」という特徴も活かすなら、**「がんばっているね」というお手紙を書いてあげる**のも、ひとつの手でしょう。

もしかしたら、そのお手紙は娘さんにとっての宝物となるかもしれませんね。

The way for a girl to learn

男の子の「いいとこどり」で女の子は最強に！

オールマイティさは最大の武器

女の子に多い、人の気持ちをくみ取るところ、まじめにコツコツ努力するという特性は、とてもすばらしい長所です。

お母さんも、「女の子でよかった」と思うことがたくさんあると思います。

そんな女の子の特性を大事にしつつ、男の子の特性とされる集中力や知識欲などの要素も取り入れられたら、女の子は最強になりそうですね。

そのためには、**娘さんの興味がどこにあるのかを見つけ、好奇心や探究心のスイッチを入れてあげるような働きかけ**が大切なのでしょう。

繰り返しますが、大切なのは「女の子だから○○ができて当たり前」や、「○○が苦手だけど、女の子だからしょうがない」といった、お母さんが持っている「女の子の解釈」を押しつけないことです。

男の子の子育てでは、お母さんは「男の子はわからない」ゆえに、「男の子って、どういう生き物なの？」と周囲に聞いたり、調べたりします。

しかし、女の子に関しては「自分がかつて女の子だったから」という過去の経験にひもづけて、「女の子は○○なのだ」と固定的な定義づけをしてしまいがちです。

育児に少しの変化球でどんどん伸びる子に

女の子の特徴を、あえてここでもう一度振り返ったのは、お母さんに「いまどきの女の子」の特徴を、客観的に見ていただきたかったからです。

「私の娘のことは私が一番わかっている」のは事実かと思いますが、客観的に見ることによって、さらに娘さんの女の子としての特徴を活かしつつ、かたよりのない子育てへと向かっていくことができるのだと思います。

もちろん、女の子によっては、ここに書いてある「男の子」の特徴を多く持っている子もいるでしょうし、反対に男の子にもここで示した「女の子」の傾向に似ている子もいるでしょう。

大切なのは、「うちの娘にはどんな特性があるのかな」と考えることです。

そして、ご家庭の教育方針と照らし合わせて、自由にさせるところ、ギュッと締めるところを確認できればよいのだと思います。

第3章

10歳までにさせたい好奇心を全方向に広げる体験

The way for a girl to learn

「何でも体験させる」が子育てのモットーだった

10歳までは親が一番関われる時期

本章では、娘たちが幼児から小学校中学年くらいまでの間、私が実際にしていた「子どもを伸ばす」関わりについて、お伝えしたいと思います。

「10歳の壁」という言葉がありますが、親が密に子どもに関われるのは、10歳くらいまでだと思います。それ以降は勉強も本格的になりますし、子どもの自我も強く表れてきますので、それまでのような関わりを子ども側から拒絶してくることも多くなります。「10歳まで」は子どもとの関係において、とても重要な期間なのです。

10歳までといっても、幼児期と小学校では違うと思われるでしょう。私も当初は、それぞれに分けて書いていこうと思いました。けれども、実際に書き進めるうちに、あまり違いがなかったことに気がつきました。

たとえば、本の読み聞かせは小学校に上がっても続けていましたし、料理のお手伝いで実験的なことをするのも、園児の頃から始めていました。

勉強が本格化する10歳くらいまでは、日常生活のなかでの親との関わりこそが、子どもの土台をつくるように思います。ですから、本書にあることは、お子さんが3歳でも6歳でも、9歳でも共通することと考えていただければと思います。

親子でいっしょにいろいろ楽しむ

娘たちが小さい頃は、とにかく何でもやらせてあげようと思いました。やってみなければ、娘の好奇心がどこにあるのか、どんなことをおもしろいと感じるのかわかりません。

「とりあえずやらせてみよう。やってみて合わなければやめればいい」と、柔軟に考えていました。

そして、「女の子だからこれをやらせよう」とか「これは女の子向きではない」とあえて考えないようにしていました。

いろいろやらせてみて、そのなかで子どもが心から楽しいと思えることに出会えたらラッキーとする。出会えなくても、経験した分だけ刺激を受けているのだから、「何かしらこの子の成長の糧になるものがあったはず」と信じるようにしていました。

「○○させなきゃ」と義務感を感じるのではなく、「これはどうかな？　楽しめるかな？」といった気持ちを大切にしていたのです。

子どもの好奇心を上手に刺激できるのは、毎日子どもをよく見ている親御さんしかいないでしょう。この時期は子どもの「好奇心探し」をお母さん自身が楽しみながら、思う存分やってあげてほしいと思います。

私が娘たちの小さい頃に意識した様々な体験のなかで、「もし、もう一回子育てのチャンスがあるなら、やっぱりたくさんやりたい」と思うことは、本を読むとか、自然や芸術にふれさせるといった、ごく日常のことです。

そして、いろいろやって気づいたのは、子どもにやらせて「親として満足する」ことではなく、「自分も子ども目線で楽しむ」ことが大切だということでした。

もちろん、娘は思い通りの反応をするわけではありませんから、ときに面倒だったり、不満に思ったりすることもありました。でも、子どもが楽しんでやっているのを見たときは私も嬉しいし、その場を共有することで、娘といっしょに楽しんでいるという実感もありました。

今思い返しても、この時期に子どもと同じ目線で楽しんだ時間は、かけがえのないものだったと実感しています。

子どもの反応をよく観察しながら

この時期の子どもは、興味があることへの反応をわかりやすく表します。子どもが気乗りしていないことはすぐわかり、そんなときは無理強いしないことも大切だと思います。

イヤイヤながらやらされることからは、決して興味や好奇心は生まれないからです。

子どもの表情をよく観察しながら、楽しんで取り組むものが何かを見つけ出そう。

そんな姿勢で向き合えるとよいですね。


「やる気がない」「いやがっている」と感じたら、そこから距離を置くことも親の役目ですが、だからと言って「読書が好きになってほしい」とか、「自然にふれることが好きになってほしい」といった**親の願いをおさえたり、あきらめたりする必要もありません**。

「無理強いしない」と「子どもが一度イヤと言ったら、やらせない」というのとは違います。とくにこの時期の子どもは、「今日はなんとなくイヤなだけ」ということも多いもの。

親の思いの軸はブレさせずに、いろいろな刺激を上手に与える。そのあたりのバランスを見極めていけるのも、いつも子どもを見ている親ならでは、と思うのです。

The way for a girl to learn

ほめてほめてほめまくる。それが最大のやる気に

どんな小さなことでも「すごいね！」

子どもの好奇心の芽を伸ばす一番の方法は、「ほめる」こと。これは間違いありません。とくに子どもが小さいときほど、「ほめてほめてほめまくっていい」のだと思います。

「子どもはほめて伸ばそう」と言うと、「ほめるばかりだと、子どもが調子に乗ってしまう」と心配される親御さんもおいでになりますが、そんな心配は無用。私はやはり「ほめまくっていい」と自信を持っています。

子どもは親から「ほめられた」ことで嬉しくなり、やる気モードのスイッチが入ります。それがやがて好奇心となって学ぶ力に結びついていくことを、私は自分の子育

てを通しても実感しているからです。

娘たちは小さい頃は絵本が大好きでしたので、よく読み聞かせをしていました。

だから字に興味を持つのも早かったように思います。

絵本のひらがなが読めたといってはほめ、大好きなドリルの問題を読んではほめ、さらにドリルができたときも「すごいね」「がんばったね」などとたくさんほめました。

毎日、何度もほめていたものです。

ほめれば必ず子どもはうれしくて、満面の笑みになります。お母さんも心からほめていれば、そのときの顔は笑顔のはずです。

子どもはお母さんの笑顔を見て安心し、誇

らしい気持ちにもなるのでしょう。

それは自信となって、「もっとやってみよう」という気持ちへと高まっていくのです。自分の内側から湧き上がってきたやる気は最強のモチベーションなのです。

「できて当然」のことほどほめる

「やって当たり前のことはほめられない」「できて当然だからほめない」と考えるお母さんのお気持ちもわかります。

しかし、小さい子どもが「当たり前のことがきちんとできる」「できて当然のことを、たしかにやっている」というのは、実は「すごいこと」ではないでしょうか。

生まれてきてわずか数年で、たとえば言葉を覚え、字も読めるようになることは、すばらしい成長です。

でも、親は子どもが何かひとつのことができるようになると、どうしても「次はこれ」「その次はこれ」とさらに期待し、できるようになったのを純粋に喜びにくくなってしまうのでしょう。

だからこそ、とくにこの時期の子どもに対しては、お母さん自身のほめるハードルを意識して低くしてほしいのです。ほめることにブレーキをかけないほうが、間違いなく子どもは伸びていくからです。

かといって、何が何でも「ほめなくてはいけない」という義務感も必要ありません。心に反して無理にほめたところで、子どもは敏感ですから「お母さんは本心でほめてくれてはいない」ことくらい、一瞬で見抜きます。

心からほめられない状況なら、**「認める」言葉**をかけてあげてはいかがでしょうか。「ガッコウって読めたね」「（九九の）３の段は完璧に言えるね」などです。それだけで、子どもは「自分はできる」ことを確認し、それが自信になります。

お母さんが自分をきちんと見てくれている安心感から、「もっとやろう」という気持ちになれるでしょう。

The way for a girl to learn

理系に苦手意識を持たせないための工夫

小さいときから虫や動物に接しておく

私は娘には「やっていないからできない」「知らないからできない」と思ってほしくない、と強く感じていました。経験がないゆえの「苦手意識」ほど、もったいないものはありません。

女の子は「子どもの頃に木登りや鬼ごっこなどの外遊びが少なく、空間認識力が弱い」「男の子に比べ、虫や動物に触る経験が少ない」ことから、算数や理科が不得意になると言われることもあります。

そのような環境に育ち、理系のものを苦手としてきたお母さんには、「もともと女の子は男の子よりも算数や理科が苦手なものだ」と当たり前に考えているように見受けられる場合があります。

そうすると子育てでも、娘さんに対して「女の子だから汚いのは苦手だよね」「女の子だから理数系は嫌いだよね」と意識的、あるいは無意識かもしれませんが、外遊びや生き物に触る機会を積極的にはつくらなくなります。

だから娘さんも木登りや虫が嫌いというわけではないにせよ、**「やった経験が少ないからおもしろさがわからない」→「やらなくなってしまう」→「好きではなくなる」**となってしまうのも、ある意味、当然の流れなのかもしれません。


私は「本来、女の子は理系よりも文系が適している」とは思いません。個人の資質プラス周囲の環境により、得意意識は芽生えるのだと思います。

女の子の小さい頃の環境が影響して、成長するにつれて算数や理科に苦手意識が芽生える。それを引きずったまま自分の進路を決めるときになって、「理系の選択なんて考えられない」というのは、とても残念な話だと思いませんか。

思う存分外遊びをしたり、虫や生き物に触ったり、家でも実験のような遊びや観察といったことは、たしかに男の子は好きになる傾向が強いかもしれません。

しかし、男の子だけの特権ではありませんし、女の子も経験があれば好きになる可能性も大きいのです。

「女の子だけど、理数系にも目を向けてほしい」という下心からではなく、「いろいろなことにチャレンジしてもらいたい」という気持ちで、親子でこのような体験を楽しめるとよいですね。

男の子、女の子という区別ではなく、その子本来の個性で好きなものを見つけていくことができれば、子どもの可能性は大きく広がることでしょう。

The way for a girl to learn

何よりも大切にしていた本の読み聞かせ

寝る前はもちろん外出先でも

私は自分の幼少期に本をよく読んでいたと思います。

物語の世界に入り込み、空想の翼を自由に広げる開放感や、自分が主人公になった気分でハプニングに立ち向かうスリル感や達成感など、読書からもらった宝物は数知れません。

そんな体験が、自分が母になり「娘たちにもたくさん本を読んであげたら、きっと楽しいだろう」と思い起こさせたのでしょう。

娘たちには「いつでも、どこでも」本を読んであげていました。夜寝るときにはもちろん、お風呂でも、家族旅行に行っても、銀行や病院での待ち時間も本を持っていきました。

子どもが幼少の頃は、毎日何かしら本を読み聞かせていたと思います。

もちろん本を読み聞かせることで、子どもにいろいろなことを学んでほしいという期待もありましたが、とくに外出先で読む場合、子どもが話に夢中になっていれば静かに座っていてくれるので、周囲の迷惑にならないというメリットもありました。

私は「いろいろな本を読むこと」に価値を置いていましたので、ベストセラーや良書と呼ばれる本、私自身が子どもの頃に大好き

だった絵本はもちろんですが、子ども自身が好きな世界観のもの、子どもがイメージを広げやすいものがあればとにかくたくさん読み聞かせました。

子どもの読書に関しては**「質も量も」**求めていたと思います。

娘たちが赤ちゃんの頃は、音が出る本や飛び出す仕掛けのある絵本を多く揃えていました。

少し大きくなって文脈が理解できるようになると、選択肢はぐんと増え、私も本を選ぶのがさらに楽しくなりました。

いつでも本を手に取れるように

娘たちは図鑑も好きでした。動物や昆虫、花などの生物図鑑だけでなく、「あいうえお」や「数」の図鑑にも興味を持って眺めていました。

ひらがなや数字に対する興味は、そこからもふくらんでいったのだと思います。

また、私は絵本をあえて子どもの手が届くところに置いておきました。自由に手に取ってほしかったからです。

あるとき長女が絵本を片手に、なにやらブツブツ言っているのでのぞいてみると、飼っていた猫に『おさるのジョージ』を英語らしき発音で読み聞かせていたのです。ちょうどアメリカに住み始めた頃だったので、周りから聞こえてくる英語の真似をしていたのでしょう。

また、あるときは、お姉ちゃんぶって、まだ赤ちゃんの妹に絵本を読み聞かせているときもありました。文字がまだ読めない時期でしたので、完全に耳で覚えていたのでしょう。

言葉は不完全だったり、たどたどしかったりするところは多々あるものの、聞いたままを口にするので、抑揚やイントネーションは私とそっくりで、びっくりしたことを覚えています。

何十回も聞いているお話だから、私が登場人物の感情を表現するときの、ちょっと芝居っ気の入った語り口までそっくり！　ほほえましい思い出です。

お気に入りの本は何度も読み聞かせたし、娘たちも心ゆくまで楽しんだのでボロボロになってしまいました。

娘たちは自然と文字を読むことに興味を持ち始め、あっという間に読めるようにはなりました。

でも私はむしろ本を読むことで、感情や感性を育てたかったのです。娘たちが寝る前のストーリータイムでは、読み聞かせながら私自身も子どもの頃に戻ったような気分でした。

幼い子どもに読み聞かせするなら、子どもと同じ目線で本の世界を楽しむほうが感情移入しやすく、親にとっても子どもにとっても楽しい時間となるでしょう。

The way for a girl to learn

こんな本を読ませていました

お気に入りを何十回も

グリムやアンデルセンなどの童話は夜のストーリータイムの定番。

また、『ピーターラビット』や『ぐりとぐら』のシリーズも娘たちのお気に入りで、何十回、何百回読んだかわかりません。動物が主人公のお話は全般的に好きだったように思います。

ただ、おもしろいことに、一人で読めるようになると姉妹の好む本は分かれていきました。同じ女の子でも個性には大きな違いがあるのです。しかし共通して、二人ともシリーズ物の本には興味を持っていました。読み進めていく楽しさを味わっていたようです。

娘たちの幼少期はアメリカに住んでいましたが、できるだけ日本の文化にもふれさせたく、日本の昔話も読みました。

でも、娘たちは日本の昔話は怖い印象があったようです。『したきりすずめ』とか『カチカチ山』などは、読んだ後「もういい」と怖がっていました。「怖い」と感じるのは、物語を聞いてイメージを自分なりにふくらませることができているからだと理解し、その後は無理強いしませんでした。読書が怖いものになっては困ります。

読んで「おもしろかった」という読後感が残るもののほうがどうしても多くなりましたが、子どものうちはそれでよいのだと思います。

また、結末が「かわいそう」と感じる本もたくさんあります。読後感はしんみりしてしまいますが、それも娘たちの心のなかの深いところが動かされたからでしょうし、かわいそうだからこそ優しい心を持つきっかけになるのではと思います。

書店で好きな本を選ばせる

エリック・カールの本も、独特の切り絵風のカラフルな色彩が大好きで、どれもよく読みました。

日本ではエリック・カールの本と言えば、『はらぺこあおむし』（偕成社）が有名ですね。リズム感の良い表現は素晴らしく、自然と暗記するほどよく読みましたが、私はそのときの気分で想像してお話をつくれる『うたがみえる　きこえるよ』（偕成社）も大好きでした。

最初の1ページしか文字がなく、あとは、絵を見て感じるままに話をイメージする仕掛けになっていて、娘たちと毎回違ったストーリーをつくっては、一緒になって想像の世界で飛び回っていました。

私が気に入った本ばかり読み聞かせていると、本を選ぶ傾向に偏りがあるかもしれないと感じ、定期購読の絵本も利用していました。

『こどものとも』（福音館書店）、『おはなし絵本』（チャイルドブック）などです。アメリカでは『Scholastic Book（スカラスティックブック）』という、英語の子ども向けの定期購読の絵本があり、これも利用していました（最近は日本でも共同購入できるようになりつつあるようです）。

毎月、新しい絵本が届くのは、親子ともども非常にワクワクしました。

なかには「私だったらこの本は選ばないな」と思うものもありましたが、本の選択眼が幅広くなったこともよかったと思います。

娘たちを書店に連れて行き、「好きな本を選んでいいよ」と言って、自由に選ばせることも意識的にしました。

娘たちが選んだ本は、どんな本でも口出しはしません。「それよりもこっちのほうがいいのでは……」などと思うこともありましたが、それでは自由に選ばせた意味がなくなってしまいますので、ぐっとこらえました。

娘たちはその後も本好きに育っていきましたが、それには幼少期に好きな本を好きなだけ読める環境を持ったことが一役買ったのでは、と思うところもあります。

The way for a girl to learn

ドリルをたくさん家に置いていたわけ

勉強ではなく遊びのひとつとして

本と同様、いつも身のまわりに置いていたのがドリルです。

薄い冊子で迷路や間違い探し、塗り絵やシール貼りなどいろいろな仕掛けが入っているもので、書店に行けば今も変わらず様々な種類のものが見つかります。切ったり、貼ったり、色を塗ったりと手先を使うから、脳にたくさん刺激を与えられます。

娘たちはドリルをまるでおもちゃのひとつのように楽しんでいました。できたところをほめると、あっという間に1冊をやってしまって驚いたこともありました。

娘はお気に入りのドリルだと喜々として取り組んでいましたが、なぜかまったく興味を示さないものもありました。

そんなときは「これは娘に合わないんだな」と判断し、さっさとそのドリルは処分。それ以上はやらせませんでした。

ドリルをやるのは何かを覚えるためではありません。達成感を得たり、考えることを楽しむための仕掛けです。イヤイヤやるのではまったく意味がないと思うのです。

とくに長女が好きだったのは、迷路です。そのうち長女はドリルの迷路に飽き足らず、自分でつくるようになっていました。

つくった迷路は「ママ、やってみて」と渡されました。やってみると、すぐにはゴールに行けない仕掛けが多い、なかなか本格的なもので、「子どもなのに、よくこんな複雑な迷路がつくれるものだ」と感心したことを思い出します。

娘にかぎらず、どうやら迷路を解く才能やひらめきは、子どもは大人の何倍も持っているように思います。

複雑な迷路を見ると、大人はつい、「なんだか面倒くさいな」と感じてしまいますが、子どもは逆に複雑だからこそ好奇心が湧いてきて、やる気になるのかもしれません。

書店で売られているドリルの多くは、「○歳向き」と年齢別になっています。先取りする必要はありませんが、私はあまりその**対象年齢にこだわらずに、子どもが楽しんで取り組めるレベルのものを、親が選んでよい**と思います。

実年齢より上の対象年齢のものをやるもあり、またその逆もありでしょう。どんどんクリアするのは、子どもも親も快感です。できたところをうんとほめながら、子どもの興味のあるドリルをどんどん与えていました。

The way for a girl to learn

パズルは少しずつ難しいものに挑戦

集中力や忍耐力が育つ

パズルも娘たちの大好きな遊びで、子どもにやらせるのではなく、親子でいっしょに取り組む遊びのひとつでした。2歳くらいからやっていたと思います。

パズルは正しいピースがはめられた瞬間に「できた!」という実感があるので、達成感を得やすい遊びです。 親はすかさず、そのときにほめてあげるとよいでしょう。

パズルはいろいろな種類がありますが、「はめ絵」タイプのものから始めて、次は数ピースの簡単なパズル、それができたら少しずつ数の多いピースのパズルにしていくと無理なく楽しめます。

そうやって「少しずつ難しいもの」に挑戦していくのは、子どもも大好きなようでした。

というのも、「次はもっと数の多いのをやりたい」と思うのは、子どもにとっては遊びの感覚だからです。

親も「うちの子、すごい！」という喜びを感じることができます。**子どもの成長を「見える化」できるものは、親の励みにもなる**ように思います。

パズル遊びには、正しいピースを見つけるまでの集中力や忍耐力も必要です。

とくにジグソーパズルになると、形が似ているピースばかりなので、正しいピースがなかなか見つけられないかもしれません。

でも、だからこそできたときの「やった！」

という充実感は格別なもの。その喜びを親子で共有することは、子どものやる気の高まりにもつながります。

ブロックもとても良いおもちゃです。パズルにはない「立体」の感覚も養われるでしょう。

これも大きなブロックから始めて、「レゴ」のような小さいブロックへと、少しずつレベルアップを実感できるものにしていくとよいかもしれません。

ただ、娘はパズルは好きだったのですが、ブロックにはまったく興味を示しませんでした。これも個性なのだと思います。

The way for a girl to learn

家でもできる実験や工作ごっこ

砂絵をつくったり、顕微鏡をのぞいたり

私はことさら「娘の目を理数系に向けさせたい」と思っていたわけではありませんが、とにかく何でもやらせてみたいという子育て方針でしたから、振り返れば理数系的要素の多い遊びもいろいろやっていたようです。

たとえば実験。

実験といっても、「液体の性質」といった化学実験のようなことではなく、工作遊びにも実験的要素があるものは多くあります。

熱で溶けるビーズで小物をつくってアイロンでくっつけたり、砂絵をつくったりと

いった工作遊びはよくしました。また、科学雑誌の付録の発芽セットで、植物の生長を観察する、これも立派な実験と言えるでしょう。

ためたポイントで手に入れた顕微鏡で身のまわりのものを見て、びっくりしたことも何度もあります。つんできた葉っぱを見る、拾った小石や砂を見る、髪の毛を見る。子どもの好奇心はどんどん広がります。

魚料理が解剖の原点？

観察と言えば、魚料理を手伝いながら娘は魚の骨や内臓に興味を示していました。

当時はあまり意識していませんでしたが、これは「解剖」と言えるかもしれませんね。のちに医学部を目指した原点は、観察することに興味を持ったことにあったかもしれません。


絵具で色を混ぜ合わせたり、色水をつくったりといった遊びも多かったです。

小麦粉粘土もよくやりましたが、粘土は「もう少し粉を入れようか」「ちょっと水を足してみる?」など、粘土そのものをつくる過程も楽しみました。

ほかにも石けんづくりや磁石など、実験というには遊びに近いものばかりですが、家で手を動かして「発見したり」「つくったり」という経験は、間違いなく考える力を伸ばすと思います。

もちろん指先を使うので脳を刺激しながら、器用さも身につけていくでしょう。

こうした経験をたくさんしておくと、算数や理科の教科書で学ぶ内容にもイメージが湧き、興味を持てるようになるのではないでしょうか。

The way for a girl to learn

お手伝いも貴重な学習チャンス

専用のエプロンで「ママ気分」

子どもの考える力や好奇心の芽を伸ばすなど、絶好の学習チャンスとなるのが「お手伝い」です。

とくに女の子ですから、専用のエプロンをつけてあげたとたん「ママ気分」全開。意外と母の仕事を助けてくれることも多く、まさに一石二鳥です。

長女が2歳になったときに次女が生まれ、長女は「姉」になりました。「私はもう〝おねえちゃん〟なんだ」という意識が芽生えたのか、妹や年下のいとこの世話を焼きたがりました。私が「おむつを取ってきてくれる?」と頼むと、得意顔で喜んで取ってきてくれました。

その頃はマンションに住んでいて、ちょうど同じような家族構成のお友達も多く、長女は妹だけでなく、よその家の年下の子の面倒をみることも大好きでした。

少し大きくなった頃には、買い物や料理や洗濯物をたたむこと、掃除も手伝ってくれるようになりました。


本人は楽しい遊びの一環でやっていたのだと思います。

お手伝いも無理強いするのではなく、子どもがやりたいと思うことに楽しく取り組めるとよいですね。

そして、「ありがとう」の言葉を忘れない

ようにしましょう。

「どうやったらもっときれいに片づけられるかな」「もっと早く洗濯物をたたむにはどうしたらいいかな」など、自分で工夫したり考えたりし、自分なりの決断をしていくようになるでしょう。

そうした体験を重ねることが、考える力や先を見通す力、段取り力など、学習にも必要な力の土台になっていくのだと思います。

The way for a girl to learn

外に出て自然にふれる経験をたっぷりと

動物といっしょに遊べる公園に

外遊びも、子どもの成長にはとても重要です。自然のなかで学べることは無限にあります。

私は娘たちをつれて実家に遊びに行くときは、近くにある「こどもの国」によく行きました。ここのポニー牧場やウサギやモルモットに触れる子ども動物園で、娘たちは時間を忘れて動物と遊びました。

私がとくに大切にしたのは、生き物も含めて「自然にふれる」ということ。

娘たちはどちらかというとインドア派で、本を読むのが好きだったので、知識を得ることは容易だったのですが、**体験の場がなければ、その知識を使える状態にするこ**

とはできません。

たとえば、馬が主人公の物語を読むのなら、本物の馬がどんな大きさでどんな感触、匂いがあり、どんな動きをするのかなど、実物にふれることで、物語のおもしろさもダイナミックになるのだと思うのです。

家でも生き物を飼っていたことも理由のひとつかもしれませんが、動物が好きだった娘たちの将来の夢は、そろって「獣医さん」でした。

車でキャンプへ

生き物だけではありません。外遊びによって肌で感じた自然――植物や風や雨、空気の温度や湿度など――から、きれい、暑い、寒い、気持ち良いなどの感情や感覚を実感することもでき、自然にふれる体験は子どもを大きく育てます。

ですから、できるだけ意識して、娘たちを外に連れ出すようにしていました。

外に出て、広いところで思いっきり体を動かすのはそれだけで気持ち良いですし、子どもがどんなに大声で騒いでも、親はそれをほほえましく見ていられるのもストレスにならないのでよいですね。

わが家では車でキャンプにもよく行きました。テントを張ったり、火起こしを手伝ったり、カヌーに乗ったり……。自然は子どもにとって最高の環境なのでしょう。家の庭でテントを張ってお泊りしたこともありました。

The way for a girl to learn

習い事も、良いと思ったら何でもやらせた

ピアノに水泳、お絵かき…

最近の子どもの習い事事情を見ると、小学校低学年まではいろいろな習い事をさせて、中学受験が視野に入る頃になると、習い事をやめ、少しずつ学習塾に移行させるというパターンが多いように思います。

中学受験塾は4年生から本格的な受験準備に入り、5年生にもなれば週に3～4日通うことが多いので、それ以外の習い事をやる時間は必然的に少なくなってしまうのです。

だからこそ、比較的時間に余裕のある幼少期には、いろいろな経験をさせるという

意味でも、習い事に人気が出るのでしょう。

今は様々な習い事の情報がすぐに見つけられるようになりました。体験レッスンも充実していて、まずは軽い気持ちでやってみてからの入室も当たり前。以前に比べて子どもの習い事を始めるハードルは低くなっているように感じます。


そんな環境のなかで、子どもにどんな習い事をさせたらよいのでしょうか。

純粋に「ピアノが弾けるように」「サッカーができるように」といった技術の習得はもちろんですが、「うちの子は運動が全然ダメだから、スポーツ教室で鍛えてもらおう」といった「できないことをできるようにする」ことを目的とするケース。「これからは英会話くらいできないと、大人になって困るから」といった、「将来のために少しでも有利な状態を整える」ことを目的とするケース。

習い事に求めるものは、ご家庭によって異なります。異なって当然、それでよいのだと思います。

得られるのは技術の習得だけではない

私は娘たちには「とにかく何でもやらせたい」という思いで習い事をさせました。スタートは娘がやりたいというより、「私がやらせたい」ものが多かったように思います。

このときも「女の子だからこれをやらせよう」という考えはありません。

当時はまだインターネットなども普及しておらず、電話帳で調べたりママ友に聞いたりして必死に情報を集めていましたから、習い事に対する意欲はとても高かったのだと思います。

娘たちが習ったものをあげると、ピアノ、水泳、お絵かき、乗馬、バイオリン、ダンス、テニス、スケート、陶芸……。

こんなにもたくさんの習い事を、よくもやらせたものだと思ってしまいますが、これらがすべて長続きしたわけではなく、娘が嫌がるものは早々に辞めさせて、ほかの習い事へ切り替える、そんな向き合い方をしていました。

そして、**娘にも意志が芽生えてきた頃からは、徐々に「私がやらせたいもの」から「娘がやりたいもの」へと移行**させていきました。

娘たちがこれらの習い事から得たものは何だったのでしょう。もちろん技術の習得（ピアノが弾ける、テニスができるなど）はありますが、それだけではありません。

思いつくままにあげてみると……

ピアノ ↓ 感受性、指先からの知能発達
水泳・ジム ↓ 友達とのコミュニケーション、基礎体力
お絵かき ↓ 想像力、ダイナミックさ
幼児教室 ↓ 考える力、規範意識
編み物 ↓ 手先の器用さ、ねばり強さ
乗馬 ↓ バランス感覚、優しさ、生き物に対する優しい気持ち
バイオリン ↓ 音感、表現力
ダンス ↓ 楽しむ力、パフォーマンス力
テニス ↓ 競争力

スケート　→　自己肯定感、特別感
陶芸　→　手先の器用さ、情緒の安定、創造力
ガールスカウト　→　仲間意識、ボランティア精神

振り返ってみれば、このような力が育まれていたと思います。

すべての習い事を継続したわけではありません。けれども、やめたからといって、「まったく無意味だった」とは思っていません。**やってみた分だけ、娘のなかに何かが蓄積した**と確信しています。

「続ける」ことにはこだわらなくていい

私は「できるだけ経験させる」ことに意義を感じていたので、習い事を「続ける」期間にはあまりこだわりを持ちませんでした。
よく「子どもが自分からやりたいと言った習い事なのだから、最低1年はやらせたいのだけど、本人はもうやる気がなくなってしまって、やめるって言うんです……」

と悩むお母さんがいます。

お母さんから見れば、「最初は子どもがやりたがっていた」のだし、「高い入会金や月謝を払った」のだし……、といった複雑な事情もあることでしょう。

しかし、その習い事で、お母さんが得たかったもの、学んでほしかったことは何でしょうか。

「イヤなことも歯を食いしばって1年間はやってみる根性」なら、なんとしてもやらせなくてはいけないでしょう。でもそうではないのなら、もっと楽しめる機会が別のところにあるのではないでしょうか。

やめぐせがついてしまってはいけないのでしょうが、一度は興味を示した子どもが「やめたがる」というのは、極めて自然なことかもしれません。

娘たちの場合、いろいろな習い事をさせたなかで、いくつか長続きしたものがありました。きっと娘たちなりに「魅力」を感じていたからでしょう。

続いている習い事は、その子にとって本当に好きで向いているもの。好きなものには熱中できるという自分を客観視すれば、集中力だったり、探求心や向上心だったりといった、大切な力のもとになるものを秘めているのが習い事だとも言えます。

それが見つけられたのなら、万々歳ではないでしょうか。

逆の視点で言えば、いろいろな習い事をさせ、合っているものを見つけ出していくというのも、決して悪くないように思います。

The way for a girl to learn

「考える力」は親子の会話のなかで磨かれる

日常会話こそ大事

とくに子どもの幼少期は、できるだけ子どもと「話す」ことを心がけました。

家族のコミュニケーションは大切です。幼少期に子どもが親に何でも話せるような環境をつくることは、思春期やそれ以降の子育てにおいても良い影響があると思います。

先にもふれたように、アメリカの小学校では日本に比べて、「自分で考える」ことや「自分から調べる」ことに重点を置いた授業が行われていたように思います。そんななかでは、「自分の考えを自分の言葉で言う」力が育っていきます。

日本でも、最近は「自分で考え自分で表現する力」を重視している指導も見られますが、浸透させるにはなかなか時間がかかるように思います。

幼少期のコミュニケーション力は、日常の親との会話のなかで育まれます。家庭でお母さんと話す何気ない会話でも、子どもは物の名前や知識、人の感情や表現の仕方を学んでいるのです。

やり取りを通して、心が大きく成長していきます。

子どもとの日常の会話こそ大事にしていただきたいと思います。

子どもから「○○ってどういう意味？」「どうして○○なの？」といった質問を受けたら、いっしょに考えたり、お母さんもわからなかったらいっしょに調べたりするのもよいでしょう。

子どもにとっては「いっしょにする」時間は、とても楽しい時間なのです。

しっかり「聴く」ことを

私は娘の幼少期は、できるだけテレビに子守りをさせないように気をつけていました。

テレビは禁止ではありませんでしたが、必要なときだけ見せて、子どもとはできるだけいっしょに遊んだり、公園に連れて行ったりするようにしました。

また、お友達と遊ばせることも意識していました。異年齢の友達や大人との会話の機会を増やすことで、知らなかった言葉を知ったり、「こう言えば伝わるんだ」と表現の幅も広がります。

まずは会話が基本となり、次の関係が生まれていきます。

とくに女の子には、おしゃべりが好きな傾向があります。子どもが「ママ、あのね、幼稚園でね……」などと話しかけてきたら、心を傾けて「聴く」ことを意識してください。

目を見る、うなずく、「へぇ」「そうなんだ~」とあいづちを打つことで、子どもはお母さんが自分の話を聞いてくれている安心感を持ちます。

それだけではなく、話すことで人は自分の気持ちを整理したり、ストレス解消をしたりしていますから、子どもに安心して話せる環境を与えるのは、とても大切なことなのです。

以上、私が娘の幼少期からどんな働きかけをしてきたかを交えながら、女の子の好奇心を広げる子育てについて考えてみました。

私が娘にしてきたことは、ひとつの個人的な体験ですし、「これがいい」というものではありません。あくまでも一例としてとらえていただければと思います。

社会が変革していくスピードが年々速くなってきています。お母さんには、予測不能な未来に生きる女の子を育てるという視点で、「うちの娘にはどんな働きかけをしていったらいいのだろう」と試行錯誤しながら、娘さんとの楽しい時間を過ごしていただきたいと思います。

第4章

勉強がどんどん得意になる、10歳からの親の関わり

The way for a girl to learn

「超」得意科目がひとつあれば、どこまでも伸びる

苦手を決して指摘しない

小学校高学年になると、学習もより高度な内容になり、考える力が必要になってきます。

どの教科も覚えることの量も多くなり、勉強が難しくなったと感じる子どもも増えてくる時期です。子どもたちの学力の差も、少しずつ顕著になってきます。

そうなると、親はどうしても、ほかの子と比べてできないところや劣っているところに目が向きがちになります。

はっぱをかけるつもりで、「○○もできないと恥ずかしいよ」「○点なんて笑われるよ」などと子どもに言ってしまうことはありませんか。

このような言葉は「あなたはできない子だ」と言っているのと同じで、とくに他人の目を気にする傾向がある女の子は、とたんにやる気を失くしてしまいます。

そもそも、「○○ができない」というのは事実でしょうか。いいえ、それはお母さんの解釈であり、「そんな気がしているだけ」ということに過ぎないと考えてほしいのです。

たとえば、「娘がテストで65点だった」というのは「事実」です。しかし、この事実から「だから娘はできる」「だから娘はできない」などと考えるのは、親の「解釈」であって、事実ではありません。そこは意識してほしいのです。

「65点だから、娘はできない」と解釈するから、娘さんに「○○もできないなんて恥ずかしいよ」と言ってしまう。

お母さんは娘さんの、「私は○○ができない」という思い込みを外してあげたいと願っていると思いますが、このような言葉がけをすればどうでしょうか。

娘さんは「どうせ私には無理だ」とあきらめムードになったり、その科目を決定的に嫌いになったりしてしまい、良いことは何もありません。

それどころか、そんなことを言うお母さんに対して「お母さんは何もわかっていないくせに……」といった反抗的な気持ちも生まれるでしょう。

「得意な理科があったから、国語もがんばれた」

「子どもの学力の欠けているところを補強したい」という親心は、とてもわかりますが、私はそれよりも「好きな科目を、自分の得意科目にする」ために働きかけるほうが断然よいと思うのです。自信をなくしている場合には、とくにそう思います。

というのも、**得意な科目があれば子どもは間違いなく気分が良い**からです。

この「良い気分」が自己肯定感を高め、「自分ならできる」という気持ちに変わり、やる気が上がっていくのです。

だからますます得意科目ができるようになる、という好循環が生まれます。

実際にこんな好循環が生まれる経験をしたことがあります。

長いアメリカ生活から帰ってきたとき、長女は小学校6年生でした。アメリカでは「算数ができる子」という評価を得ていた娘ですが、日本で進学塾に通うようになると、そのレベルの高さに圧倒されてしまいました。

しかも日本語も思うようにできないこともあり、国語は大の苦手科目になっていたのです。

ところが夏期講習中のある日、塾の先生が理科のバネばかりに関する問題を解いた娘をとてもほめてくださって、娘のことを「理科ができる子ですね」と言ってくれたのです。

このことがきっかけで娘は自信を取り戻し、もともと好きだった理科が「大好き」になっていきました。すると家庭での学習の仕方が変わってきたのです。

好きな理科は夢中になって勉強したので、さらに良い結果が出るようになりました。そして自分から「苦手な国語も底上げしなくちゃ」という気持ちになったようです。

それまではあまりやる気のなかった国語も、能動的に学習するようになり、全体の成績がみるみる上がりました。

「本当に好きなんだね」とほめる

得意科目をつくることで、学習全体へのモチベーションが上がり、苦手科目にも進んで目を向けられるようになる。これはとても大切なことです。

小学校高学年というのは、そんな得意科目の芽を伸ばして「超」得意科目にできる時期だと思います。

そして、そんな「超」得意科目をつくるために親がサポートできることといえば、やはり「子どもをよく観察すること」につきるでしょう。

お子さんはどんなことをしているときが楽しそうですか。

たとえばお子さんがひとつのことにずっと集中しているとき、「○○ばっかりやって……。ほかの科目もちゃんとやりなさい」というのではなく、「本当に○○が好きなんだね」と、していることを認める言葉かけに変えてみてください。

お子さんはその科目がもっと好きになり、やる気が出てきます。そうすれば次第に結果が伴ってくるはずです。

そして、**「努力すれば結果が出る」ことに気づくようになります**。この気づきが、その後の取り組み方を変えていきます。お子さんにとっての成功体験と言うことができるでしょう。

お子さんの「好きな科目」が「○○といえばあの子だよね」などと言われるぐらいに、「超」得意科目になるとよいですね。

そんな科目がひとつでもあれば、揺らぎない自信になり、ほかのことで行き詰まったり伸び悩んだりしたときも、「私なら大丈夫」と思えるようになるでしょう。「私は○○ができるのだから、これもがんばろう」と、気持ちを切り替えられるのです。

The way for a girl to learn

高学年になったら「ママ先生」はもう卒業

学習指導の専門家に任せるのが正解

この時期は、お母さんはどの程度、子どもの学習に関わってあげるとよいのでしょうか。

私はすべて学校や塾任せではいけないと思いますが、かといって、低学年のときのように何でもいっしょに取り組み、わからないところは何でも教えてあげるという関わり方も違うと思います。

高学年の女の子の心の成長には個人差が大きいので、わからないところがあっても「親には教えてもらいたくない」という子もいるし、すぐに親を頼ってくる子もいます。「これが正解」という関わり方はなく、娘さんの状態をよく見て、学習面においても個人の成長に合わせたサポートをしていくことが大切でしょう。

お子さんが小さい頃に始めた「ママ先生」を、いつまで続けてよいのか悩まれているお母さんを、よくお見受けします。たしかに習慣を変えるには勇気がいると思うのですが、私はもうこのくらいの年齢になれば、基本的には親は「見てあげるべきではない」と思います。

学校や塾の先生は指導の専門家です。学習指導はその道の専門家である先生に任せるのがよいのではないでしょうか。

今は学習内容や解き方も変わってきていますし、何もかもをお母さんが引き受けることは、双方の精神衛生上も良くないですし、子どもの自立する力を抑制してしまうと思うのです。

親は環境や体調、メンタルのケアを

それでは、お母さんは何をすればよいのか。

私は、母親というのは子どもの体調管理や環境を整えること、メンタルのサポートなど子どもが健やかにいられるように、**トータルでのバランスを見ていく専門家**だと思います。ここで専門性を存分に発揮していただきたいのです。

ご飯をちゃんと食べさせること、睡眠時間や起床時間を整えて基本的な生活習慣を整えること、そして規範意識を育てたり、情緒が安定するような働きかけをすること。

これらは毎日子どもといっしょに暮らしている親にしかできません。

生活習慣の定着とメンタル面でのサポートという母の専門性を活かして、子どもの育つ環境を整えてほしいと思います。

子育てを木の成長にたとえるならば、この時期のお子さんとの関わりは、木の根っこをしっかりと土に根づかせること。

枝葉をつけることばかりに意識を向けるのではなく、しっかりとした基盤を整えていく……。それが将来、自分の力で生きていける子どもを育てる行為であり、勉強に対しても能動的なやる気を持つ要因となっていくのだと思います。

The way for a girl to learn

将来の進路について、どう話し合えばいい？

どんな夢でもつぶさない会話を

小学校高学年になってくると、子どもは子どもなりに「将来はこうなりたい」というイメージを持つようになります。

幼少期の「かっこいいからサッカー選手」「きれいだからお花屋さん」のような直感的で視覚的な夢や憧れから、一歩進んで考えようとする時期です。

たとえば、身近な家族の病気を治してくれた医師に出会って、「私も病気の人の命を救う医師になりたい」と考えたり、華やかなアイドルの舞台をつくっている音響や照明などの裏方の技術職に興味を持ったり。

大人の仕事に「かっこいい」や「かわいい、きれい」だけではない、やりがいとか社会的使命を、子どもながらに感じ始めるのです。

もしお子さんから、「将来は○○になりたい」「○○に興味がある」という話が出たら、その夢をつぶさないように会話をふくらませられるとよいですね。

「お医者さんになりたいな～」と言われたら、「へえ、どんなお医者さんになりたいの?」と、夢を具体的にイメージできるような会話をしてみてください。

「お医者さんになりたいなら、医大に入らないといけないのよ。算数はもっとできるようにならないと!」など**子どもの進路を限定するような言い方は、親が子どもの将来に踏み**

込み、狭いレールを敷くようなもの。せっかくの夢が台無しになってしまいます。

子どもが「お医者さんてすごいよね」と言ったら、「どうしてそう思うの?」と聞いてあげましょう。「だっておばあちゃんの病気を治してくれたもの」など子どもなりの理由が聞こえてくるはずです。

「そうだね、人の命を助けるってステキだよね」と掘り下げていけば、医師から「人の命を助ける仕事」へと、子どもの興味や夢がふくらんでいくでしょう。

文系や理系を決めつけない

私はこの時期なら、子どもの進路に親が「ゆるやかな道筋」をつけるほうがよいのではと思っています。

「医師になりたいならこうしなさい、ああしなさい」というのは論外ですが、かといって「あなたの人生なのだから、あなたの好きにしていいよ」というのは、ある意味正論ではあるものの、突き放し過ぎる気がするのです。

子どもは少しずつ大人びた言動もするようになる時期ですが、そうはいってもまだまだ内面は子どもの部分が大きいものです。そもそも人生経験の少ない子どもが、この時点で自分の将来像を決められるわけがありません。

だからこそ、幅広い人生の道筋を見せてあげるのが親の役目だと思うのです。

また私は、具体的な職業はもちろんですが、この時期であれば、まだ「理系」とか「文系」といった進路も決める必要はないと思っています。

それよりも夢をいろいろな方向に広げる時期です。

とくに女の子は、親の顔色をうかがって行動するところがあるので、親がことあるごとに「あなたは医師になるのよね」と言ったりしていると、まじめな子ほど「理系に進まなくては」「医師にならなくては」と自分に言い聞かせてしまい、自分の夢の幅を極端に狭めてしまいます。

人生において、夢や目標を早く決めれば早くゴールに到着するわけではありません。**世の中にはいろいろな職業があって、今はいろいろな選択肢があることを伝えていく**ことが大切でしょう。

ゆるやかな道筋をつけてあげる

子どもの将来や進路について、親はどう関わっていけばよいのでしょうか。

子どもの才能の種はどこにあるのかを見つけながら、子どもに「将来はこうなりたいな」と言われたら、「そう考えているんだね」「それはいいよね」と、今そのように感じていることをまずは認めてあげる。そして、いろいろな経験を積ませ、様々な考え方にふれさせていく。

つまり、子どもに自信を持たせ、視野を広げてあげることが、親のできることではないかと思います。

その結果、自分で選び取った進路なら、子どもはその道を自信を持って力強く歩いていけるでしょう。道幅の広い進路を子どもに示してあげられる親であってほしいと思います。

娘の東大進学は、私が決めた進路ではありません。

娘の性格を知っていたので、そんなことを言えば「ママが東大って言ったから、私は絶対行かない」と反発するのがわかっていましたので。

ただ、娘には「自分のなかの最高峰をめざしてほしい」「自分の力を世に活かしてほしい」ということ、そして「切磋琢磨し合える仲間と過ごしてほしい」という願いを持っていたので、それは、あの手この手で伝えてきたことは確かです。

その結果、娘のほうから東大という選択肢が出てきたので、私は惜しみない応援をしました。

The way for a girl to learn

勉強が本格的になり、伸び悩んできたら

低学年のようにラクに解答できなくなる

高学年の学習が低学年と大きく違うところは、結果を出すのに時間がかかるようになってくるという点です。

低学年は漢字にしろ計算にしろ、正解・不正解がすぐにわかり、短時間で成果が出るものが多いのですが、高学年では答えのみならず、答えを導くまでのプロセスが重視されるようになります。

「1問に30分かかったけど解けた！」というような、量より質の達成感を得られるような学習になるのです。

まじめな女の子が、今までのように楽々と問題を解けなくなることで、自分はできないと思ったり、苦手意識を持ってしまうのは残念なことです。

そんなときは、お母さんが**「難しい勉強になったけど、がんばっているね」「みんなも時間がかかっているんだから、あわてなくていいんだよ」**と、学習レベルが上がったことに気づかせ、そこに挑戦していることを応援するような声かけがあるとよいと思います。

安心して、落ち着いて考える姿勢を身につけていけるでしょう。

気をつけたいのは、お母さん自身が「娘は伸び悩んでいる」と思い込んだり、その思い込みを口に出したりすることです。

「最近、算数ができなくなったね……」などとネガティブになると、女の子は敏感に反応しますので、「どうせ私は算数が苦手だから」と自信をなくしたり、拒絶反応を示す可能性が高くなります。

もしお子さんが学習面で高い壁を感じているのなら、「やりやすいところから始める」とか、「ひとつ前の段階に戻ってやってみる」など、少し簡単なことから始めることを提案してあげるとよいのではないでしょうか。
目標の山が高いと、一気には登れません。小さな階段（スモールステップ）にして、目標に近づけるようなサポートが大切でしょう。

スモールステップをほめて自信を

また、いくら小さな階段をつくってみても、それでも「やりたくない」「できない」というなら、別の理由があるのかもしれません。子どもにどんな背景があって「できない」と思っているのか、本当の意味を探り出すのが賢明です。

何がわからないのかを細分化してあげるのが、この時期の親のサポート。**わからないことを「教える」のではなく、「交通整理」をしてあげる**のがよいのです。小さなSOSに気づいてあげることが、その後の道筋をつくっていきます。

あとは子どもの力を信じて、すぐに結果は伴わなくても待つことです。

実は子育てにおいて「待つ」ことは、もっとも難しいことです。とくにこの時期のお子さんに対しては難しいでしょう。

親は頭ではわかっていても、つい早く結果を出そうと急ぎがちですが、手や口を出し過ぎると、よけいに「できない」「わからない」と反発する年頃です。自分で乗り越えられるように導き、子どもの持っている力を信じてあげましょう。

そして、どんな小さなことにせよ、子どもさんが何かを達成したときにはそれを大きくほめてあげてください。

前へ導くことに意識が傾きがちですが、できたことをひとつひとつ認めていくことが、子どもの能動的な力となり、結果前進へとつながっていきます。

伸び悩んだときには引っ張るのみならず、下から支える逆転の発想で関わってみてください。

The way for a girl to learn

今までは何でも親の言うことを聞いていたのに…

プチ反抗期は成長のあかし

親から言われたことを素直にやっていた娘が、この頃何かにつけて反抗的な態度をとってくるけど、どうしたらいいのか……。

高学年になる女の子のお母さんの、このような悩みをよく受けます。いわゆる反抗期、自我の目覚めの始まりです。最近ではプチ反抗期として、反抗期の低年齢化も問題視されています。

それまでは親の言うことをきちんと聞く「いい子」になることが自然とできていたのに、「それは何か違うのでは」という違和感、「本当の自分って何なの？」という気持ちが自分の内側にむくむくと湧き上がってくるような感覚。

そして、その感情のはけ口をどこに求めたらよいのかわからない。そんな感情が渦巻いてイライラするのでしょう。

お母さんが、そんな娘さんの急変した態度に混乱するのも無理はありません。

私の娘にもそのような時期がありました。

「私のなかに、もうひとりの違う自分がいるみたい」といって、自分の殻に閉じこもるようになり、いちいち私の言うことに対して反抗的な言葉をぶつけるようになったのです。

でも、このように親がコントロールできない状態になるのは、子どもの成長の証拠。当たり前なのです。母と娘、親子ではあるけれど、お互いに異なる人間同士でもある。反抗期とは、そんな人間関係の第2ステージとも言えるでしょう。

こんなときに、親が「口ごたえするんじゃありません」と諭したところで、まったく効果はありません。娘さんは**「私はお母さんとは違う」ということを言いたい、自分の存在感を主張したい**のです。女性同士ゆえに、なおさら違いを強く示したいのかもしれません。

包容力の見せどころ

お母さんも苦しいときですが、たとえ娘さんの主張が自分勝手な論理であっても、「そんなの間違っている」と突っぱねるのではなく、**「今はあなたはそう思うんだね」といったんは受けとめてください**。

そのうえで、「でも、お母さんはこう思う」と自分の意見をシンプルに伝えましょう。そして、そのことについて「わかったの？　わかったなら返事しなさい」などと、反応を求めないことです。

ここはお母さんの包容力の見せどころ。お母さんがどうしても娘さんに届けたいメッ

セージを冷静に伝えればよいのです。

そのとき娘さんが何の返事もしなかったり、逆に反抗的な言葉で返したとしても、そこは待ちましょう。娘さんの心に何かは残っているはずです。

「ここまで育ててきたのだから、これで大丈夫」と、お母さんはどんとかまえていればよいのです。

また、意見の対立が起こった際に、関係のない出来事を引き合いに出すことがよくあります。

「あなたは昔からそうだった」とか「前にも同じこと言ったのに守らなかった」など、ひとつのイライラが過去のイライラを呼び起こし、引っ張り出してしまうのです。しかし、このような会話からは負の感情以外何も生まれません。

くれぐれも感情論のぶつけ合いになって、エスカレートして収拾がつかなくなる前に、冷静に話すことを心がけてほしいと思います。

The way for a girl to learn

中学受験をさせるなら、親にブレない軸が必要

子どもの意志に任せすぎも問題

昔は子どもの進路や人生までも親が決めるのが当たり前という時代がありました。

その後、子どもの「主体性」とか「自由意思」が問われるようになり、今はどちらかというと「子どもが決める」ように親が仕向けていく風潮に流れているように思います。

ただ、私は今のお母さんは「何でも子どもに決めさせなくては」と思い過ぎなところもあるように思うのです。

中学受験においても、「子どもが受験をすると言うから」させる、「子どもが受験をしたくないと言うから」させないといった、子どもの意見を重視するケースが多いよ

うに思います。しかし、小学生の子どもが自分の個性を認識し、未来を想像して、中学受験という大きな判断をすることができるでしょうか。

私は、そもそも子どもが自分の意志だけで中学受験を決められるわけがないと思っています。親の方針で、最初のスタートは決めてよいのだと思うのです。高校や大学受験とは違い、子どもに聞いても、たいていの場合「わからない」からです。

ただし、そこには根拠がなければなりません。

私立中に行かせたいのなら、その理由は何か。自分の子どもにはどういう教育をさせたいのか。受験を通して何を身につけさせたいのか、しっかり考えます。**言語化できる根拠が必要**です。

反対に、公立中が良いというのなら、その理由は何なのか、中学時代をどう過ごさせたいと思うのか、そして高校、大学はどう考えているのかなど、まずは親自身で自問自答をしてみてください。できれば夫婦で話し合い、我が家の教育方針を明確にするとよいでしょう。

「我が家の教育方針」で決める

子どもが私立中学を「受験したい」と言っても、**家の経済的な事情で難しいと判断したら、「私立に行くのは高校からだからね」と子どもに話せばよい**のだと思います。

それで「どうして?」と聞かれたら、子どもが納得できるように「うちは、学費をこう使うことに決めている」と根拠を説明すれば、子どもなりに理解できるのではないでしょうか。

「子どもは私立中を受験したいと言うのに、経済的な理由でさせないというのはかわいそうなのでは……」と申し訳なく思う必要はありません。

金銭的な問題も含めて「我が家はこういう教育方針なのだから」と、一度決めたらブレないことが大切なのです。

それぞれの家庭の教育方針に「正しい」とか「得だ」というものはなく、家族の数だけ教育方針はあるのです。

中学受験は地域性もあります。

塾の先生に言われたり、子どもの周囲で中学受験をする子が多かったりすると、「中学受験をさせるのが正しい」とか「今、中高一貫に入れておくのが得だ」などと考えて、「うちの子も受験させよう」と思ってしまうかもしれません。

しかし、中学受験は損得で考えることではありません。

「我が家の教育方針」として決め、子どもが「これが自分の人生だ」と思えることが一番の幸せです。

もちろん、子どもがその方針に反対の場合には、子どもの意見も聞いてあげましょう。議論を重ね、子どもも親も納得できる結論へと向かっていってください。

途中でやめたがったときは

受験を決めて、小学4年生あたりから塾で本格的な受験準備に入っても、それからの3年間は親子ともに何度となく試練を経験することでしょう。

よくあるのが、「子どもから受験をすると言ったのに、やる気がなくなって受験をやめたいと言っている」というお母さんの悩みです。

3年間順調に受験勉強が進むなど、むしろあまりない話であり、やる気や受験への意欲が下がるのはよくあることです。

「組み分けテストの結果が悪くて、クラスのランクが落ちた」「嫌いな科目が足を引っ張って、やる気になれない」ときもあれば、ちょっと点数が良くて順位が上がったり、先生にほめられたりすると「よし、がんばるぞ」とやる気を取り戻したり。子どもの気持ちは毎日コロコロ変わるものです。

だから子どもが「もう受験なんかやめる！」と言ったときは、「え、どうしてそんなこと言うの」と感情的になったり、「どうしよう」とうろたえたりしないことです。

もちろん、「つべこべ言わずにやりなさい！」と叱ったり、自信をなくしている子どもに「そんなんじゃ、あなたの将来はないわね」と追い打ちをかけても、なんの解決にもなりません。

お母さんには広く大きな心で、**「そうか、この子は今日はやりたくないんだ」**と受けとめ、「じゃあ、どうすればやる気を取り戻せるだろうか」と考えてほしいのです。「受験をしたくない」という気持ちの背景には何があるのか、それを冷静に探して、対処法を考えるのが親の役目です。

そして、子どもの一言一句に右往左往せず、「また、そんなこと言ってるの?」「そんなの大丈夫よ」と、どんとかまえてお母さんの器の大きさを示すことが大切だと思います。

子どもが受験をイヤだと言うから「じゃあ、やめようか」と同調したり、応じたりするのは、まるで友達の関係です。

最近は「友達親子」願望を持つ親御さんもいるようですが、やはり「親は親であるべき」と私は思います。子どもを導き、支え、成長を促し、応援をする存在です。「自分がこの子を育てているのだ」という信念を持って、子どもと向き合っていけるとよいですね。

第5章

「賢く」でも「女らしく」のダブルメッセージを送らないで

The way for a girl to learn

娘が成長するほど「どう育てたらいいか」悩むもの

自分の育った環境を再生産してしまう

第1章では、今のお母さんが女の子を育てるときの考え方の二極化についてお話ししました。

お母さんは「女性の活躍が求められるこれからの社会で、自分の力を存分に発揮してほしい」という「女の子だからがんばれ」論と、「女性の幸せは家庭に入り、家族を育て守るところにある。だから勉強や仕事はほどほどにしてほしい」というような「女の子らしくあるべき」論といった2つの考えを両方持っていて、そのギャップを行ったり来たりしてしまいがちだということです。

これは、**自分が育ってきた環境と、わが子の未来に対する願いの間にギャップがある**こととも関係しているかもしれません。

子育ては、お母さんの「自分がどう育てられてきたか」という育ちの環境に、どうしても影響を受けるものです。自分の育ってきた環境は、今度は自分が子どもを育てる現場で再生産されようとします。

子育てとは誰かに教えてもらうものではないため、自分自身の経験がその教育書となるのでしょう。その経験が当たり前の常識となり、子どもにも同様に関わっていきます。

しかし、一方ではお母さんはとかく自分が育ってきた環境「ではないもの」を望む気持ちも強いところがあります。

たとえば、「自分は親から○○させてもらえなくてイヤだったけど、子どもにはそんな思いをさせたくない」という気持ちです。

親に厳しく育てられたと感じる女性は、「自分の子育てでは、子どもにあれこれ指示をしないで、自由にさせてあげたい」と思うでしょう。

逆に、あまりかまってもらえず寂しい思いをさせられたと感じる女性は、「子どもにはいろいろやらせて、たくさん手をかけて育てよう」と考えたりします。

理想の女性像をつい押しつけて…

これらの思いは、子育てに責任感を感じて一生懸命だからこそのお母さんの「真剣な姿」だと思います。

「私と同じように」、または「私とは異なるように」、どちらかに多くの比重を置きながらも、やはりその間を行ったり来たりしているのが、いまどきのお母さんの特徴とも言えるでしょう。変化の時代ゆえにこの振れ幅は大きいのかもしれません。

私の子育てを振り返ると、「女性だからがんばれ」に偏っていたように感じます。

娘たちには、よかれと思ったことはなんでも片っ端からやらせてみよう、興味の芽が出たと感じたらそこをもっともっと伸ばしてあげよう、そんな気持ちで育ててきました。

今思えばそれは、私の理想の女性像に娘たちを向かわせたいという願いの表れだったのかもしれません。でも、「これをやらせれば、こんな効果がある」という見通しのもとにやっていたわけではありません。

「なんだか楽しそう」「娘に合ってるかもしれない」と心が動くものをやってみる。根拠はありませんでしたが、強い信念を持ちつつも手当たり次第に何でもさせたとも言えます。

ただ、こんなふうに思えるのも、娘たちが大人になった今だから。

子育ての渦中にいるときは、「これをやらせれば本当に大丈夫かしら」「あれをやらせないといけないのでは」といった焦りや不安、迷いの気持ちにいつも駆り立てられていたことも思い出します。

娘が思春期になって、反抗的な態度を返すようになったときは、その焦りや不安が最高潮に達しました。

娘のなかにある「お母さんの言う通りに何でもやってきた」自分と、そこに反抗する自分が生まれてきて心が不安定になっているといった状態を、当時の私にはそのまま受け入れる余裕がなかったのです。

「自分の娘なのに、今までとはまるで別人のよう」

とショックを受けると同時に、

「こんなに一生懸命育ててきたのに、どうしてそんなことを言うのだろう」

「私の育て方は間違っていたのかもしれない」

ととても悩みました。

しかし、子どもも成長し、そして親も成長するからでしょうか、いつしかその悩みは消えていきました。

母娘のぶつかり合いは当たり前

母親は子どもを育てる過程で、悩んだり苦しんだり、悲しんだりしながら、自分も母親として成長していることは間違いありません。

私は過ぎ去ったことだからそんなふうに言えるのかもしれません。ですが、今のお母さんには、まず「女の子の子育ては難しいものだ」と認識したうえで、

「でも、その時々で考えたこと、悩んだことは決してムダではなくて、母親としての成長につながっている。そして、**いずれ『女の子の母親をやれて幸せだ』と思えるときが必ずくる**」

と伝えたいのです。

思春期でなくても、お母さんは娘さんとぶつかることは何度もあると思います。

それこそ軽いタッチ程度のものから、しばらく動けなくなるほどのガツンとした対立までいろいろ。

そんなとき、「女の子だからがんばれ」論と「女の子らしくあるべき」論両方の思いをぶつけていないか、考えてみてはどうでしょうか。そして冷静になり「娘に伝えたい本当に大切なことは何なのか」と考えてみてはいかがでしょう。

母と娘、同性同士だから難しいのです。

「私は女性だから、女の子の子育てをわかっていた気になっていないか」と、少し自分を客観視してみれば、何か見えるものがあるように思います。

「難しい」を前提に考えてみれば、多少のぶつかり合いは気にならなくなるかもしれません。

The way for a girl to learn

「お母さんみたいにはなりたくない」

同性だからこそ出てくる視点

女の子は成長するにしたがって、母親を女性として、一人の人間としても見るようになってきます。

すると「お母さんみたいな生き方ってどうなの？」「お母さんは専業主婦をやっているのに、私に期待しないでくれる？」といった生意気なことを言ったりします。お母さんを「冷めた目」で見ることもあるでしょう。

「私はお母さんとは違うんだ」ということの決意表明なのでしょうか。

いくら娘の心の成長の表れとはいえ、お母さんにとってはつらいことですが、それでも自分の思春期を思い出せば、少しは理解できると思います。

娘に反抗されたり、生意気なことを言われたりしても、お母さんがそこで感情的になったら泥沼になるだけ。

苛立つ気持ちをおさえて、「これも娘の心の成長なのだ」と、懐を大きくしてかまえてみましょう。難しければ「娘はまだ表現が乏しく、あんな言い方をしてしまうんだろうな」と視点を変えてみるのもよいでしょう。

娘が母親に一人の女性の生き方を見るとき、「私はお母さんみたいにはなりたくない」という女性は少なくないようです。

先日お会いした会社員のUさんもその一人。

20代ですが、自分の考えをしっかり持った魅力的な女性です。彼女は高校、大学へ進学の際に、自分が望んだ学校を親に反対され、納得はできなかったけれど逆らうこともできず、親の希望に沿った進学校、難関大学へと進みました。

大学に入ってからは、念願の一人暮らしや海外留学といった夢も「手元に置いておきたい」という母親の反対で断念しました。そうして夢を失った結果、就職が決まった時点で「もう学歴は必要ない」と大学中退を考えたのです。

そのことについて「父、母、私の３人で、落ち着いて話し合いたかった」そうですが、実際は話し合いの場でお母さんはただひたすら泣き崩れ、「何が不満で大学を中退するの⁉」「私が悪かったと言うの⁉」とＵさんに感情的に当たってきて、それがとてもつらかったと振り返ります。

「いい子」でいる娘のつらさ

「普段からもっと会話のある家族なら、違った結果になっていたかもしれない」

家庭内に親子で何でも話し合うという空気はなく、お母さんに悩みや不安な気持ちを「気軽に」言い合える関係もなかったそうです。

一人暮らしや留学の悩みも一人で抱え込み、黙り込んでしまい、食事の席でも家族との話題に困るほどだったとか。

「でも**本当は母に声をかけてもらいたかった**」とＵさん。お母さんは「あなたが何を考えているのかわからない」とただ怒っているばかりで、Ｕさん自身も「学費を出してもらっているから」強く反発できなかったそうです。

Uさんは現在は社会でしっかりと仕事をしています。「今はそんな母のことも認めよう、大切にしようと思ってはいるけれど、将来自分に子どもができたら、母のようにはなりたくない。母は反面教師です」と言い切ります。

そして「親にとってのいい子であることは、娘にとっても幸せかと言われたら、そうでもなかった。親は『娘が幸せならそれでいい』と思わないかぎり、親の幸せと娘の幸せは必ずしも一致しないと思う」と続けます。

Uさんのつらかった気持ちは痛いほど想像できますが、これはUさんにかぎらず、「娘」の立場の女性が母親に対して抱く、決して少なくない感情です。

ただ、私には親御さんの気持ちもよくわかります。子どもを持って初めて親の気持ちがわかることがたくさんあり、娘時代には感じることのなかった親への感謝を強く感じるようになったからです。

Uさんも自分が親になったとき、きっと今までとは違った感じ方をするのではないでしょうか。

The way for a girl to learn

本音を言い合える空気をつくれていますか？

親に相談できずに中退を決めた女子大生

母と娘がぶつかる原因のひとつとして、Uさんの話にもありましたが、母娘間のコミュニケーションがうまくいかないこともあげられます。

「親子で本音の会話ができる土壌を、親がつくってこなかった」ことが理由でしょう。というよりも、親は「つくっていたつもり」でも子どもにはそう感じられなかった、というべきでしょうか。

子どもが自分とは異なる判断をした際に、その理由を聞いているつもりが否定的な言葉になってしまう。自分の意見を述べているつもりが、子どもの批判になってしまう。こんなことはありませんか。

または、子どもから突拍子もない意見が出てくることを回避するため、そもそも会話をしない。こんなこともあるかもしれません。

Uさんの家族は**「話し合い」といえば、「家族の緊急事態発生時の重要会議」のようなおおごとになっていた**とか。

「大学に行ってみたけど、私が思っていたのと違ったんだよね〜」と、気軽に話せなかったと感じているのです。

Uさんが悩んだ挙句の「中退しよう」という決心は、親にとっては唐突過ぎて、どう対処してよいかわからなくなった。だから感情的になってUさんに当たってしまったのでしょう。

「ママは自分の興味のあることしか聞かないよね！」

仕事を通じてさまざまなお母さんに出会いますが、日常的に家族が何でも話し合える場づくりをしている家庭は意外に少ないと感じています。

どのお母さんも、子育てに一生懸命であるほど、子どもと「もっとわかり合いたい」「何でも本音で話してほしい」と思っています。しかし、自由に何でも話し合える環境は意外とできていないのです。

さらに、お母さんは子どもの話を「聞いているけど聴いていない」ということもあるように思います。とくに女の子の話ほど「聴いていない」のがお母さんかもしれません。**聴かなくてもわかる、という思い込み**があるからです。

私にも経験があります。

もともとおしゃべり好きな娘であったこと、そして私自身「親子の会話が重要である」という知識を教育本から得ていたこともあり、我が家では会話が活発で、みんなが話せる空気感がありました。娘たちの話を聞くことも好きでした。

また、「私は娘の話にもきちんと耳を傾けられる、コミュニケーションができている母である」と自負しているところがありました。

ところがあるとき、娘に

「ママは自分の興味のあることしか聞かないよね！」

と言われて、非常にショックを受けました。

私は人の話を聞く力があると思っていたのに、実は自分の都合の良いことしか聞いていなかった。そう娘に指摘されたのです。

質問攻めをしない

女の子にかぎらず、男の子のお母さんでも、子どもとコミュニケーションをとっているつもりでも、実は「双方向のコミュニケーションにはなっていない」ケースは多いものです。

子どもが幼稚園や小学校から帰ってきたときに、「今日はお友達と何をして遊んだの？」「宿題は何？　いつするの？」などといった質問攻めを、お母さんは意外と無意識にやっ

ていたりします。

「子どもが心配で、かわいくてしょうがない」という愛情から、知りたくてしょうがないのです。

それは間違ったことではありませんが、注意しないとお母さんの一方的な質問で終わり、あたかも事情聴取のようになってしまいます。すると子どもは、次第に親と話すのがイヤになってしまうのです。


では、どうしたら双方向のコミュニケーションがとれるようになるのでしょうか。まずは子どもの話を聴くことをおすすめします。

子どもが安心できて、もっと話したくなるような「聴き方」です。

子どもの話を目を見ながら聴く。あいづちを打ったり、うなずいたりして、「そうだね」「聴いているよ」と伝える。

お母さんが聞きたいことだけを聞くのではなく、子どもが話したいことを子どものために聴く。そして、子どもが話したことを「〇〇なんだね」と繰り返す。

日々の会話に少し工夫をするだけで、子どもは安心し、そして会話をすることに楽しさを感じるようになるでしょう。

聞き役のお母さんも、子どもから聞こえてくる話から、子どもの新たな一面を発見することもでき、喜びを感じるようになるはずです。


このような経験の積み重ねが、家庭内で親に何でも言える雰囲気をつくり、双方向のコミュニケーションがとれる土壌となっていくのです。

これは、一朝一夕でできるものではありませんが、かといって「遅すぎる」こともありません。子どもが何歳であっても、できるところから始めてほしいと思います。

The way for a girl to learn

「女の子だから」「女の子なのに」で娘を見ない

「この子らしさ」を認めてあげて

女の子は、成長とともにお母さんに対する「見方」を変化させてくることは、先ほどお話したとおりです。

「お母さんだって完璧じゃない」と、現実を見るようになると、娘は娘なりに「では私って何?」と、母親とは異なる自分らしさを出すようになります。

お母さんは、男の子に対しては「なんでこの子はこんなことするんだろう」という驚きや疑問を「この子の個性なんだ」と認めやすいようですが、女の子にはどうしても「女の子なのに……」の眼鏡を通してしまうため、個性として見にくい傾向があります。

だからこそ、娘さんの言動や行動に「どうしてそんなことを？」と思うことがあっても、それを「女の子だから」「女の子なのに」という経験からくるステレオタイプ的な発想で片づけないでほしいと思います。

「女の子だから」という一般化した目で見るのではなく、意識して「この子だから」という目を向けてほしいのです。そこに**「その子らしさ（子どもの個性）」**があり、個性を伸ばすことが本当に大切なことだからです。

「この子」という見方をする、「この子」らしさを知るためには、子どもをよく観察することが何より大事です。

「私はこの子のことをよくわかっている」という思い込みを外し、「この子は何を考えているんだろう」「この子ならではの特徴って何だろう」と考えてみる。

そして、聞こえてくる言葉の本意も「何でこんなことを言っているのだろう」と感じとってみる。すると、今までの思い込みとは異なる「この子らしさ」が見えてくるのです。

他人の個性も受け入れられる子に

個性が見えてきたら、ぜひともそれを娘さんに伝えてあげましょう。「あなたらしいね」「あなたならではの発想だね」と言葉にするとよいでしょう。伝えられた「個性」は大きく成長していきます。そして、個性を伸ばす子どもは、他人の個性も受け入れられるようになっていきます。

「女の子とはこうあるべき」「男の子はこうすべき」という考え方から離れ、自分のあり方にも他人のあり方にも柔軟的になっていきます。

グローバル化が進み、共に生きていくことが求められるようになった今、互いの個性を尊重しつつ自己を発揮する生き方こそ、もっとも幸せな生き方と言えるのではないでしょうか。

その基礎は、お母さんから向けられるまなざしにあるといっても過言ではないでしょう。

The way for a girl to learn

結婚や育児の良さもやっぱり伝えたい

仕事と家庭は両立しない？

いくら子どもが個性を十分に伸ばして、自分の納得する進路を選んだとしても、それでも親の人生経験からくる視野の広さには及びません。

親は子どもより早く生まれている分、それだけのキャリアがあるのは当然です。もちろん、良いことや成功事例ばかりではなく、失敗や思いがけないつらい出来事もあったでしょう。

それを「どうにか乗り越えた経験」の積み重ねで現在の自分がいます。そこから学んだ人生観は、子どもに比べればはるかに広い視野から生まれてきたものです。

だから娘さんが「私の人生は自分のもの。お母さんとは関係ない」と言っても、それが視野の狭さから言っているのだとしたら、お母さんは自分の経験を活かして、娘さんの視野を広げるサポートをすることも必要だと言えます。

「○○しなさい」という押しつけではなく、「もっと広い世界があるよ」と、見えていない世界を見るためのお手伝いをしてあげましょう。

20代の娘さんを持つ友人の話です。彼女は娘さんが結婚する気がないことを心配しています。

娘さんは「自分が幸せと感じているなら、それが自分の幸せ。私は結婚するつもりはないけど、自分がそれで幸せなんだから、それでいい」と主張するそうです。

一見、娘さんなりの筋が通っているようにも見えます。でも友人は「まだまだ視野が狭いな」と感じ、あの手この手で娘が「結婚もいいもんだ」と思ってもらえるように「知恵を絞っている」と笑いながら話します。

娘とはいえ、相手は自分の考えをしっかり持っている大人。「結婚しなさい」といったところで、「はい、わかりました」にはなりません。お母さんがお見合い相手を探してくれればいいという話でもありません。

「あなたの人生、好きにしたら?」は無責任

友人が懸念しているのは、娘さんが働くことと結婚することを両極端にとらえていること。

本来両立できることなのに、どこか結婚が仕事の妨げになると思っている娘さんに視野の狭さを感じているそうです。しかし、そこを議論しても「お母さんにはわからない」となってしまう。

だから、娘さんが自ら結婚したいという気持ちをアップさせるような作戦、具体的には「異なる価値観を持った人といっしょに人生を歩むのはいいことだ」と思えるような話を、さりげなく伝えているのだそうです。

「今は、私と娘の知恵比べだから」と彼女は言います。

あるときふと、娘さんが「たしかにお母さんは私たちを産んで、楽しい人生を歩んでいるなあ。結婚して子どもを持つのもいいかも」と思う日が来るかもしれません。

この話は子どもが何歳でも同じだと思うのです。親が子どもに「○○しなさい」という命令形で話せば、子どもはまず反発します。

子どもに広い視野を持ってもらいたいなら、「広げなさい」ではなく、自分の経験を話してみる。失敗談を伝えるのもよいでしょう。前から伝えて伝わらないなら、横から後ろから伝えてみる感覚です。

子育てとは子どもとの知恵比べ。子どもには知恵を絞って働きかけ続けることも大事なのではないでしょうか。

「あなたの人生だから、好きにしたら？」というのは、ものわかりの良い親のように見えますが、親として無責任かもしれません。なによりも親自身が後悔するのではないでしょうか。

親として関われるときにしっかりと関わる。とても大切なことだと思います。

The way for a girl to learn

「娘は娘、私は私」で生きていくために

子育てを自己犠牲にしない

お母さんの子育てのブレない軸は、子どもが生まれたときにすでにでき上がっているものではなく、試行錯誤しながら少しずつ確固たるものに育っていくものです。

私もずっと試行錯誤してきましたが、そのなかでとくに娘が中学生になって親子関係が難しくなった時期を経験できたことはよかったと思っています。

当時、悩んだ私は「これまでのやり方がよくなかったのかも」「新しいやり方を取り入れないといけない」と考え、子育て本を片っ端から読んだり、人の話を聴いたりしました。

そのときに出会ったのがコーチングです。それまで「親とはこうあらねばならぬ」

と自分自身に言い聞かせて「いいお母さん」になろうと努力していた私ですが、コーチングの手法を学んだことで、物事のとらえ方は大きく変わりました。

それまでは「自分がどう見られるか」や「どういう子どもに育てようか」ということばかりに気持ちがいっていたのですが、視点が置き換わったのです。

「私がどういう母親として生きていくか」と主体的な発想になり、それによって子どもと自分を切り離して考えることができるようになりました。


それに伴い、子どもの見方が変わり、言葉かけや接し方も変わってきました。

すると娘とも少しずつ、また以前のように話せるようになっていったのです。

私は子育てでは「自責のマインド」を持つことも大切だと思っています。

「自分はどうしたいの？」「何を願っているの？」「そのためにはどうしたらいいの？」と自問自答しながら、**「自分がこの子を育てているんだ」という意識をしっかり持つ**。

それが自責のマインドです。

「この子がそうしてほしいと言うからしてあげる」というのは、子どものせいにしている他責のマインド。「子どものために自分が犠牲になる」という気持ちがあると、親子の関係はいずれうまくいかなくなります。

そうではなく、自分のなかのもう一人の自分に「あなたはどうしたい？」と何度も問いかけてもらいながら、「自分はこの子をこう育てたいんだ」というブレない軸をつくっていく。それが子育てにおいては大切だと思います。

そのために踏ん張る覚悟とあきらめない気持ちを持つことだと思います。

「私は何をしたいの？」の問いかけ

子育てが子どものためから、自分の人生における一時期の役割ととらえられるようになった頃、私は自分の未来にも目を向けることができるようになりました。

あきらめかけていた「社会に出る」ということも、現実的に考えることができるようになり、そのために自分を変えることをポジティブに受け入れられるようになりました。

変化を恐れず楽しめるようにまでなりました。子どもも変化するのだから、親も変化するのは当然のこととも言えるでしょう。

お母さん自身にも「自分の人生を自分らしく生きる」ことを大切にしてほしいと思います。

単にお母さんも趣味や仕事を持ってください、というのではありません。

自分の気持ちと向き合い、「私は何をやりたいの」「私は何ができるんだろう」「どうして私はそれができるんだろう」と問いを投げてみると、これまで自分がやってきたことや考えてきたこととは違った視点で、自分を客観的に見ることができるようになります。

そして、何かが見つかれば動いてみる。**新しい環境にふれることで、自分のなかの何か**

が変わる、その経験は必ず子育てで生きてくるはずです。

主体的な生き方を手に入れれば、子育ても自責のマインドで取り組めるでしょう。そうすれば、たとえ子育て環境に不満があったとしても、「それも含めて自分が選んだ環境」であることに気づき、「そのなかで最善を尽くす」ことに意識の方向を向けられると思うのです。

子育てには悩みがつきものです。そしてお母さんにとって、女の子の子育ては難しいことです。

でもだからこそ、「自分」も「娘」も育ててほしいなと思います。お母さんの人生の厚みが増せば、より豊かな母と娘の関係を実感できるはずです。

おわりに

「ママ、話聞くよ……」

いつ頃からでしょうか。私がこのような言葉を、娘からかけてもらえるようになったのは……。

かつては私が娘のために「やってあげていた」ことを、今は娘が私にやってくれている。私が何かを抱えていそうな気配を感じると、話を聞いてくれる。落ち込んでいるとわかると、「大丈夫だよ」と言ってくれる。疲れていると思えば、お茶を入れてくれる……。

誰かに気にしてもらえるのが、こんなにも嬉しいものであること。それが大きな力となること。「してもらえる立場」となり、私は今初めて実感しています。

そして、娘たちに対して、女性同士の会話ができること。女性としての同族意識を持って議論ができること。女性として生きてきた経験を伝えられることに、心から感謝し、嬉しく思っています。

母と娘。その関係性は子どもの年齢とともに、また自分の母親としての力量とともに変化していくものです。

容易に構築できる関係かと言えば、わかり過ぎるからの難しさがあり、そこに繊細さも加わり、むしろ難しい関係ということができるでしょう。

経験したことがあるからわかってしまい、その経験談を一般論として断定的に伝えてしまう。経験したことがあるから予測をしてしまい、それを正論として押しつけてしまう。経験があるからこそ、先回りしてしまい、娘に対して「べき論」を伝えてしまう……。

これが母娘の難しさの根底にある関係性なのでしょう。

本書にも示したように、その「べき論」は、「女の子だからがんばれ」論と、「女の子らしくあるべき」論と、対局にある思いから成り立っており、だからこそ、より母娘の関係は複雑になっているのだと思います。

この複雑さは、もしかしたら女性の役割が大きく変化する過渡期を生きている、母親の心のなかにあるジレンマなのかもしれません。母が娘に伝えること、それは母の心の表れであり、時に心の叫びでもあるということを、実体験をふまえて感じることがありました。

しかし、そんな難しさを超え、子どもがひとりの女性としての人生を生き始めた頃、わかるからこその柔らかく、優しい母娘の関係性が新しくつくられる……。

母娘の関係とは、何層にも重なり構築されている複雑な関係だとつくづく実感します。ひと言で語れるような関係ではなく、そのステージごとにまったく異なる物語が展開される、これが母娘が織りなす関係性なのでしょう。

母親は常に、娘さんから見れば、少し先を歩む女性の先輩でもあります。とかく娘から向けられる目は厳しめではありますが、きっとその娘も自分がそうであるように成長していく、そして母親に向けられる眼差しはまた変化していく…。

母娘の関係とは、変容しながら循環していくものとも思います。娘を持つ母として、この先の私と娘たちとの関係はどのようになっていくか、まだ見えぬ未来にも期待を馳せる次第です。

読んでいてお気づきになったかもしれませんが、本書のあちらこちらであえて私は「○○がいいです」、しかし「○○でなくてはいけないわけではありません」と曖昧にも取れる両義的な言い回しを使っています。

子育て中のお母さん方には「○○です。それが間違いありません」と断定されている書籍のほうが魅力的だとわかりつつも、あえてこのような表現をしているのは、子育てにはひとつの正解があるわけではなく、そのときの子どもの様子、置かれている環境に応じて関わり方が大きく異なるからです。

幼少期、学童期、思春期、そして大人になるまでの子育てを経験してきて、子どもとの関わりを柔軟にしていくことこそが、もっとも大切なことだったと強く感じています。

良い方法があるなら試してみる。しかし、それが合わないと思った場合には手放して、新しい方法を考える。

自分の行動は、努力によりいかようにでも変化させていくことはできますが、娘とはいえ他人である子どもを変えるためには、力ずくではどうにもならず、知恵や工夫を凝らしていく……。そのために柔軟性が必要だと思うのです。

ですから、「○○がいいです。でもそのかぎりではありません」という表現にし、いろいろな選択肢を持っていただきたいと考えました。

子育てには正解はありません。また、今の子育てが間違っているわけでもありません。良いと思うことがあれば、試してみてください。合わなければ、また他の方法を探してみてください。

そういった前向きな取り組みこそが、きっと親としての成長につながっているのだと思います。

本書を書くにあたり、快くインタビューに応じてくださったマザーカレッジの生徒さん方に御礼申し上げます。私には経験のない男の子の子育てとの違いを語っていただき、大変参考になりました。

幼少期からの娘たちのことを振り返り、あらためて娘たちにも感謝を伝えたいと思います。振り返れば本当に未熟な母でした。あなたたちのおかげで、私も母として人として成長することができたのだと思います。心から……ありがとう。

江藤真規

〈著者紹介〉
江藤真規（えとう・まき）

◇―東京都生まれ。東京大学大学院教育学研究科修士課程修了。お茶の水女子大学卒業後、東京電力株式会社に入社、結婚、退職を経て二女を出産。その後、アメリカ合衆国に約7年間滞在。帰国後は主婦業の傍ら教室で100人以上の親子に英会話を指導。
長女は東京大学医学部、次女は東京大学文学部に現役合格。自身の子どもたちの中学受験を通じ、コミュニケーションの大切さを実感し、コーチングの認定資格を習得。

◇―現在、教育コーチングオフィス「サイタコーディネーション」代表として、講演、執筆活動などを行う。2010年、お母さんのための学びの場、「マザーカレッジ」を設立。子育てコーチングの指導、母親の社会的役割を拡げる活動を行っている。

◇―著書に、ベストセラーとなった『勉強ができる子の育て方』『思春期の女の子の育て方』（共著：以上、ディスカヴァー・トゥエンティワン）、『ママのイライラ言葉言い換え辞典』（扶桑社）他多数。

女の子の学力を大きく伸ばす育て方

2016年 6月17日　　第1刷発行

著　者―――江藤真規

発行者―――徳留慶太郎

発行所―――株式会社すばる舎

Subarusya　東京都豊島区東池袋3-9-7 東池袋織本ビル　〒170-0013
TEL　03-3981-8651（代表）　03-3981-0767（営業部）
振替　00140-7-116563
http://www.subarusya.jp/

印　刷―――図書印刷株式会社

落丁・乱丁本はお取り替えいたします

ISBN978-4-7991-0533-7